KB217111

로펌 변호사의

부동산 잘 사는

6가지 법칙

•

조
석
근

Real Estate

박영사

사랑을 담아 아내에게

지혜를 담아 아들에게

이 책을 바칩니다.

머리말

"내 집 마련을 하고 싶은데 어떤 기준으로 결정해야 하는지 모르겠어요"

"자녀들 때문에 이사를 가야 하는데 언제 갈아타야 하는지 모르겠어요"

"돈을 모아서 부동산에 투자하려고 하는데 어떻게 투자하는 게 좋을지 모르겠어요"

"부동산 공부를 본격적으로 시작해보고 싶은데 어디서부터 해야 하는지 모르겠어요"

"그동안 꾸준히 부동산 공부를 해 왔는데 하면 할수록 오히려 더 헷갈리는 것 같아요"

"부동산 공부할 때 데이터를 보라고 하는데 어떤 데이터를 어디서 봐야하는지 모르겠어요"

"강남 아파트가 왜 비싼지 이해가 안돼요. 가보면 별거 없거든요. 언젠가 떨어지지 않을까요"

"인구 감소는 불 보듯 뻔한데 우리나라 아파트 가격도 이제는 떨어지지 않을까요"

"전세 살면서 청약 통장에 돈 넣어놓고 나중에 당첨만 되면 되는 거 아닌가요"

"어차피 내가 살 집이면 원하는 곳에 사면 되지 왜 투자까지 고려해야 하는지 모르겠어요"

"투자는 전문 투자자만 하는 거 아닌가요? 먹고 살기도 바쁜데 신경 끄는 게 낫지 않나요"

"돈이 많다고 꼭 행복한가요? 그냥 행복하게 살면 되는 거 아닌가요"

이 책은 이런 고민을 하는 분들에게 적합합니다. 만일 여러분이 지금 이 책을 읽고 있다면, 적어도 위와 같거나 비슷한 고민이 있는 분일 겁니다. 단순 호기심일 수도 있고, 걱정이 많은 상태일 수도 있고, 어쩌면 심각한 스트레스 상황일 수도 있습니다.

지금부터 설명할 내용에는 여러분의 고민을 해소할 단서, 데이터, 의사결정의 순서와 방법이 소개되어 있습니다. 단순히 지적 유희를 원하지 않는다면, 구체적인 데이터를 확인하고 싶다면, 무엇보다 현명한 의사결정을 원한다면 끝까지 읽어주시길 바랍니다.

각 장은 부동산에 관한 의사결정의 측면에서 각각 독립된 기준이므로 순서와 상관없이 읽어도 무방하지만, 6하 원칙을 기준으로 전체가 하나의 체계를 이루고 있으므로 빠짐없이 읽을 것을 권합니다.

저자 조석근

차례

CONTENTS

Real Estate

프롤로그

Prologue

NOTICE

“인생은 한 번뿐입니다. 잘 살아야 합니다.
잘 사는(Live) 것은 무엇일까요?”

CONTENTS

프롤로그
Prologue

인생은 한 번뿐입니다. 잘 살아야 합니다. 잘 사는(Live) 것은 무엇일까요? 사람마다 의견이 다를 겁니다. 행복의 기준이 다르기 때문입니다. 행복이란 목표는 같아도 내용과 방법이 다른 겁니다. 정답은 없습니다. 질문도 스스로 하고 답도 스스로 찾아야 합니다. 스스로 만족하면 그게 바로 잘 사는 삶입니다.

이 책은 부동산에 관한 이야기입니다. 질문을 바꿔 보겠습니다. 부동산을 잘 사는(Buy) 것은 무엇일까요? 이것도 사람마다 의견이 다를 겁니다. 하지만 목표는 어느 정도 비슷합니다. 돈을 벌기 위함입니다. 적어도 잃지 않기 위함입니다. 부동산을 잘 사서(Buy) 잘 살기(Live) 위함입니다.

그런데 잘 사는 것이 무엇인지 물어보면 대답은 천차만별입니다. 심지어 부동산 전문가조차도 의견이 다릅니다. 어떤 이는 주식보다 부동산을 사는 게 잘 산 것이라고 합니다. 어떤 이는 청약에 당첨되거나 경매로 낙찰받아야 잘 산 것이라고 합니다. 어떤 이는 강남 아파트를 사야 잘 산 것이라고 합니다. 어떤 이는 지금 시기에 사면 잘못 산 것이라고 합니다. 어떤 이는 이 가격에 샀으면 잘못 산 것이라고 합니다.

모두가 잘 샀다 또는 잘못 샀다고 표현하지만 기준이 다 다릅니다. 서로 다른 기준을 갖고 있으니 정리가 안 됩니다. 행복이야 주관적 만족에 달려 있으니 각자 인정하고 넘어가면 그만입니다. 하지만 부동산 투자는 모두가 같은 곳을 바라보고 있는데 서로 다른 얘기를 하고 있으니 누구 말을 들어야 할지 더 헷갈립니다.

저는 로펌에서 부동산 전문 변호사로 일하고 있습니다. 의뢰인들은 부동산 소송이나 자문이 필요할 때 찾아옵니다. 하지만 상담하다 보면 부동산에 관한 모든 이야기를 하게 됩니다. 이 과정에서 부동산을 대하는 사람의 태도와 의견도 각양각색임을 알 수 있습니다. 그들의 주장에 일정한 패턴이 있다는 것도 알 수 있습니다. 그 패턴이란 바로 부동산을 잘 사는 것에 대해서 저마다의 기준이 하나씩은 있다는 것입니다. 우리나라 사람 모두가 부동산 전문가라고 해도 과언이 아닙니다. 소송도 투자로 접근하는 시대입니다.

그동안 부동산을 직접 다루고 수많은 상담을 하면서 오랜 기간 고민을 담았습니다. 과연 잘 사는 것은 무엇일까? 수많은 얘기를 듣고 정리하면서 비로소 나름의 기준을 잡을 수 있었습니다. 알고 보니 모두가 같지만 다른 얘기를 하고 있었고, 다르지만 같은 이야기를 하고 있었던 것입니다.

결국 본질로 돌아가야 한다는 것을 알았습니다. 투자의 본질은 무엇일까요? 싸게 사서 비싸게 파는 것입니다. 그렇다면 싸게 사는 것은 무엇일까요?

다시 복잡해지기 시작합니다. 싸다는 것도 다양한 의미로 표현되기 때문입니다. 지금이 싸다. 여기가 싸다. 시세에 비해 싸다. 과거에 비해 싸다. 옆 동네에 비해 싸다 등등 기준을 어디에 두는지에 따라 전혀 다른 의미가 됩니다.

앞으로 자세히 얘기하겠지만 저는 싸게 사는 것이 가장 중요하다고 생각합니다. 이것을 제4장 얼마에 살 것인가에서 설명합니다. 부동산 가격은 일정한 주기가 있으므로 싸게 산다는 것은 싼 시점에 산다는 것과 같습니다. 이를 제3장 언제 살 것인가에서 설명합니다. 미리 얘기하면 저는 이 두 가지가 제일 중요하다고 생각합니다.

언제 살 것인지 알았고 얼마에 살 것인지 평가할 줄 안다면, 어디에 살 것인지 결정할 수 있습니다. 각자 여건에 맞는 곳 중에서 가장 좋은 곳을 사면 됩니다. 이를 제5장에서 설명합니다. 어디에 살 것인지도 결정되었다면 어떻게 살 것인지를 선택하면 됩니다. 이를 제6장에서 설명합니다.

그러나 절대 잊지 말아야 할 것이 있습니다. 우리가 잘 사려는 이유는 결국 잘 살려고 하는 것입니다. 투자도 행복을 위해 하는 것입니다. 그래서 본격적인 부동산 이야기를 하기 전에 왜 살 것인지에 관한 이야기부터 시작합니다.

미리 얘기하면 이 책에서는 잘 파는 법에 관해서는 얘기하지 않습니다. 잘 사기만 하면 파는 것은 크게 고민할 필요가 없습니다. 현금 여력이 있다면 굳이 안 팔아도 됩니다. 더 좋은 투자를 위해 팔아야 한다면, 더 좋은 투자란 것도 결국 잘 사는 것으로 연결됩니다. 그래도 잘 파는 것이 꼭 궁금하다면, 제3장 언제 살 것인가, 제4장 얼마에 살 것인가를 참고해서, 정반대의 시점과 가격에 매도하면 됩니다.

이 책은 부동산으로 내 집 마련하는 사람들, 원하는 곳으로 이사 가려는 사람들, 자신과 가족의 노후를 위해 현명한 투자로 자산을 확보하려는 사람들을 위해 썼습니다. 설령 투자에 관심이 없더라도 부동산 시장을 이해함으로써 우리 사회의 실체와 속살을 편견 없이 이해하려는 사람들에게도 도움 될 것입니다. 이들이 우리 사회의 99%를 차지하기 때문입니다.

일부 책이나 유튜브에 등장하는 1%의 자극적인 스토리에 현혹되지 마세요. 50채 갭투자로 100억을 벌었다느니, 경매로 쉽게 돈 벌 수 있다며 초보 투자자를 유혹하거나, 본업을 도외시하고 투자에만 올인해서 하루 빨리 파이어를 선언하라는 말에 흔들리지 말기 바랍니다. 심지어 확정 수익률을 보장할 테니 공동투자를 하자며 부린이들을 유혹해서 사기를 치는 사람도 있습니다.

앞으로 자세히 살펴보겠지만 의미 있고 행복한 삶을 위해 무엇보다 중요한 것은 본업을 굳건히 지키는 것입니다. 투자도 본업의 안정적인 바탕 위에서 해야 합니다. 우리 사회의 99% 차지하는 선량한 사람들이 부동산 매수 결정을 함에 있어 조금이라도 더 안전하고 현명한 결정을 하길 바라는 마음에서 책을 썼습니다. 그럼 지금부터 시작합니다. 로펌 변호사의 부동산 잘 사는 이야기입니다.

Chapter

01

Real Estate

왜 살 것인가

제1장 왜 살 것인가

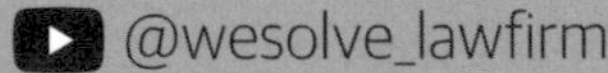

제1장

왜 살 것인가

삶에서 무언가 도전할 때 힘을 받으려면 이유가 명확해야 합니다. 뇌가 명령어로 인식해야 합니다. 그래야 손과 발이 움직입니다. 투자도 마찬가지입니다. 투자를 왜 하는지 이유가 분명해야 합니다. 그냥 하면 좋을 것 같아서. 남들 다 하니까. 안 하자니 불안해서. 따위로는 얼마 안 가서 포기하고 말죠. 밑져야 본전도 아닙니다. 투자 공부에는 결코 만만치 않은 시간, 노력, 에너지가 소모됩니다. 삶에서 소중한 것을 포기하기도 합니다. 열심히 했는데 성과가 없으면 기회비용도 크다는 뜻입니다.

투자도 행복을 위해 하는 것

그렇다면 투자를 왜 할까요. 사람마다 차이는 있을 겁니다. 제가 생각하는 답은 이렇습니다. 행복하기 위해서입니다. 행복은 언제 찾아올까요? 저도 한 때는 실체 없는 행복을 찾아서 고민했던 시절이 있었습니다.

그러다 문득 책에 있던 구절이 눈에 꽂혔습니다. 엠제이 드마코(MJ DeMarco)의 <부의 추월차선>에 나오는 내용입니다. 저자는 행복의 3요소를 건강, 자유, 관계로 정의합니다. 투자는 이 중에서 자유와 관련 있다고 생각합니다.

부는 자유이며, 행복의 필수요소입니다.

자유는 무엇일까요? 내가 하고 싶은 것을 하고 하기 싫은 것을 안 하는 것입니다. 우리는 자본주의 사회에 살고 있습니다. 자본주의 시스템 안에서 하고 싶은 것을 선택하고, 하기 싫은 것을 거절하려면? 맞습니다. 돈이 있어야 합니다. 이런 점에서 부는 자유입니다.

부를 얻으면 건강과 관계를 지키기도 쉽습니다. 물론 돈의 노예가 되면 건강과 관계를 잃기도 합니다. 하지만 그건 돈이나 부 자체의 문제는 아닙니다. 잘못 다룬 사람의 문제죠. 결국 자본주의 사회에서 부를 얻으면 자유를 얻고 건강과 관계도 지킬 수 있으니 행복할 가능성이 높습니다.

당신에게 시간과 자유는 소중한가요

이런 점에서 투자 공부를 해서 부를 쌓는 것을 부정적으로 생각하거나, 불로소득으로 폄훼하거나 고상하지 못하다는 생각이 있으면 위험합니다. 투자에 관심을 끄고 일해서 돈을 버는 것만이 도덕적으로 우월하다는 선민의식을 가진 사람도 있습니다. 가치관이야 자유지만 그런 사람에겐 적어도 부가 들어올 수 없습니다. 애초에 뇌가 명령어로 인식하지 못하기 때문입니다. 그런 사람에게 깔려있는 무의식은 24시간 활동하면서 주변에서 부가 들어올 수 있는 기회, 정보, 사람을 차단하고 있습니다. 저는 이렇게 물어보고 싶습니다.

당신에게 시간은 소중합니까?
당신에게 자유는 소중합니까?

부인할 사람은 없을 겁니다. 그렇습니다. 부는 시간이고 자유입니다. 지금부터 시간과 자유를 얻기 위한 노력을 함께 떠나겠습니다.

본업에서 가치를 높이는 것이 최고의 투자

수년 전 버크셔 해서웨이(Berkshire Hathaway Inc.) 주주총회에서 어떤 여학생의 질문에 대한 버핏의 대답은 유명합니다.

여학생은 버핏에게 만일 딱 1개의 종목만 투자해야 한다면 어디에 투자할 것인지 물었습니다. 버핏이 코카콜라나 애플 같은 종목을 찍어 주었을까요? 아닙니다. 대신 한 분야를 정해서 해당 분야를 특출나게 잘 할 것을 조언하며 최고의 투자는 자기 스스로를 성장시키는 것이라고 답했습니다. 부모님이나 학교 선생님 같은 대답을 한 것이죠.

투자라고 하면 본업과 분리해서 생각하는 사람이 많습니다. 본업을 멈추고 투자에 몰두해야 빨리 부자가 된다고 오해하는 사람도 있습니다. 절대 그렇지 않습니다. 투자도 결국 종잣돈이 있어야 가능합니다. 복리의 마법을 누리려면 버티는 시간도 필요합니다. 종잣돈과 시간이라는 측면에서 본업은 투자에서 매우 중요합니다. 버핏도 이 점을 간파한 것이지요.

맞습니다. 투자를 한다고 본업을 소홀히 하면 절대 안 됩니다. 본업에서 자신의 가치를 높이는 것이 최고의 투자임을 명심해야 합니다.

파이어족의 최후는 다시 일을 하는 것

몇 년 전 파이어족이 유행했습니다. FIRE는 Financial Independence Retire Early의 약자입니다. 투자로 성공해서 경제적 독립을 이루고 조기 은퇴한 사람을 뜻합니다. 코로나 시기 각국에서 금리를 내리고 돈을 풀었습니다. 시중에 풀린 돈은 자산시장으로 빨려 들어갔습니다. 주식, 부동산, 비트코인이 폭등했고 여기저기서 한번에 큰돈을 번 사람들이 등장했습니다. 직장에서 받는 월급과는 비교가 안 되는 돈이죠. 이들은 파이어족을 선언했고, 이들을 소재로 한 책과 강연, 유튜브가 넘쳐났습니다.

그런데 파이어를 선언한 이들은 남은 인생을 어떻게 꾸려갈까요? 오랫동안 꿈처럼 여겨온 일들, 버킷리스트를 하나씩 실천하면서 일 안 하고 영원히 행복하게 살 수 있을까요. 몇 달, 길어도 몇 년은 그렇게 살 수 있을 겁니다.

하지만 인생은 생각보다 길고 행복이라는 것이 그렇게 간단치 않다는 것이 문제입니다. 맛있는 음식을 먹고, 세계 여행을 떠나고, 하고 싶은 것을 다 해도 나이가 들고 시간이 지날수록 왠지 마음 한편에 아쉬움이 생기기 마련입니다. 이때가 바로 삶과 행복에 대한 본질적인 고민을 시작하는 지점이기도 합니다.

저는 위에서 행복의 3요소가 건강, 자유, 관계라고 말했습니다. 파이어족은 적어도 경제적으로 자유를 얻었습니다. 하지만 행복의 축을 이루는 나머지 중요한 요소, 바로 관계가 있습니다. 인간은 사회적 동물이기에 관계 속에서만 행복해 질 수 있습니다. 그리고 사회적 관계를 만드는 데 일은 매우 중요하고 필수적인 활동입니다.

시중에는 투자로 성공한 사람들이 나와서 자신의 경험을 담은 책을 쓰고 강연을 하고, 유튜브를 하는 경우가 많습니다. 자신은 경제적 독립을 이뤘으니 남들에게 알려주고 싶어서 나왔다고 합니다.

그런데 가만히 보면 이들이 애쓰는 활동은 결국 또 다른 일에 해당합니다. 애초에 하던 일과 성격이 다른 것뿐이죠. 하기 싫었던 일을 그만두고, 하고 싶은 일로 바꾼 것뿐, 경제적 자유를 얻었다는 그들도 결국 다시 일을 하고 있는 것입니다.

그렇다면 이들은 왜 다시 돌아온 것일까요? 저는 이들이 관계를 통해 행복을 느끼고 싶어서라고 생각합니다. 행복은 사람과 관계 속에만 존재하는데, 막상 경제적 자유를 얻고 나니 필요성을 절실하게 깨달은 것입니다. 사회적 관계의 핵심에는 바로 일이 있습니다. 본업을 구심점으로 사회적 관계가 끈끈하게 유지될 때만 인간은 타인에게 인정받을 수 있고 인정받으려는 욕구가 충족되면 행복도 들어섭니다.

파이어족을 부러워하지 마세요. 파이어족이 되면 일 안 하고 평생 놀고먹고 행복하게 살 수 있을 거라는 환상도 버려야 합니다. 투자를 통해 경제적 자유를 얻는 것은 매우 중요하지만, 그 목표가 일을 버리는 것이 되어서는 안 됩니다. 파이어족의 최후는 다시 일을 하는 것이란 점을 명심하세요.

본업은 투자 후에도 계속되는 삶의 필수요소

사람은 나이가 들수록 인간관계도 새롭게 정리됩니다. 어릴 때 함께 있기만 해도 좋은 친구들도 나이가 들고, 직업을 갖고, 가정을 꾸리고, 각자 영역에서 살아가다 보면, 예전만큼의 정을 지속적으로 나누기 어렵습니다. 누군가의 잘못이 아니라 성인이 되면서 겪는 자연스러운 과정입니다. 해로운 관계는 말할 것도 없고, 무의미하거나 의무감에서 만나던 관계도 차츰 정리되고, 서로의 성장과 발전에 도움 되고 의미 있는 관계만 남기 마련입니다. 그 중심에는 바로 일을 통한 사회적 관계가 있습니다.

그래서 본업은 투자를 잘하기 위해서도 필요하지만, 투자 이후에도 여전히 남는 활동입니다. 단순히 돈을 버는 것을 넘어서 삶에 의미를 부여하고 행복을 가져다주는 필수요소이기 때문입니다.

본업을 소홀히 하지 마세요. 자기에게 잘 맞는 일을 찾고 가치를 높이기 위해 매진하는 것이 최고의 투자이자 최고의 인생입니다. 저 역시 변호사로서 그렇게 할 생각입니다. 여러분도 꼭 그렇게 하시길 바랍니다.

때로 가만히 있는 것이 최고의 투자

짐 로저스(Jim Rogers)는 <돈의 미래>에서 "때로 가만히 있는 것이 최고의 투자"라고 말했습니다. 자산시장은 매일 변합니다. 급격한 경제 충격으로 하루에도 폭등과 폭락을 반복하기도 합니다. 투자자들은 이런 시장에 대응하기 위해 매일 같이 애씁니다. 경험이 없는 투자자는 남들이 움직이면 조급한 마음에 준비도 안 된 채 따라나섭니다. 나만 뒤처질 것 같다는 두려움이 영끌, 빚투, 패닉 바잉(Panic Buying)을 하게 만듭니다. 자연스러운 행동입니다. 군집 속에서 무리 생활을 하던 인간의 본능이 유전자에 각인되어 있기 때문입니다. 무조건 함께 가야 안전하다고 여깁니다. 생존에 유리했기 때문입니다. 하지만 투자에 성공하려면 그런 본능을 극복하는 의식적인 선택이 필요합니다.

자신이 왜 투자하는지, 어떤 기준과 원칙에 따라 행동하는지 스스로 납득할 수 없다면 일단 멈춰서야 합니다. 남들이 움직인다고 함부로 따라나서면 안 됩니다. 모를 때는 가만히 있어야 합니다. 자신이 모른다는 것을 인정하는 건 부끄러운 게 아니라 메타인지가 높은 것입니다. 대신 본업에서 가치를 높이고 종잣돈을 모으며, 다음 기회를 위해 공부해야 합니다. 준비되었을 때 만나는 다음 기회가 바로 자신의 인생을 바꾸는 절호의 기회일지도 모릅니다.

본격적인 투자를 위한 준비물

마인드 세팅이 되었다면 지금부터는 본격적으로 투자를 위한 준비물을 알아봅니다. 투자로 성공하려면 세 가지가 만나야 한다고 생각합니다. 종잣돈, 지식, 기회입니다. 기회는 세상이 부여하는 것이니 개인이 컨트롤할 수 없습니다. 기회가 왔을 때 종잣돈이 있고, 투자 공부가 되어 있어야 합니다. 그래야 기회인 것을 알아차리고 잡을 수 있습니다. 평소에 종잣돈을 모으고 투자 공부를 해두어야 하는 이유입니다. 기회는 반드시 찾아옵니다.

ONE
DOLLAR
2013

종잣돈 모으기

(1) 기회가 오면 현금이 승패를 좌우한다.

종잣돈은 시드 머니(Seed Money)라고 부르며 투자로 성공하기 위한 마중물 역할을 합니다. 아무리 지식이 많아도 돈이 없으면 투자할 수 없죠. 최소한의 종잣돈은 반드시 필요합니다. 그리고 많으면 많을수록 당연히 유리합니다.

기회는 언제 올지 아무도 모릅니다. 그래서 부지런히 종잣돈을 모아야 합니다. 내가 지금 모으는 한 푼 한 푼의 종잣돈을 결코 가볍게 여기지 마세요. 어차피 작은 돈인데 다 써버리자고 절대 생각하지 마세요. 인생의 결정적 순간이 되면, 누군가는 뿌듯함에 웃고 누군가는 허탈함에 좌절할 것입니다. 그 차이는 바로 그동안 얼마나 열심히 투자금을 모았는지에 따라 결정됩니다.

아이러니하게도 나이가 어릴수록 돈에 초연한 경우가 많습니다. 처음에는 버는 돈이 적고, 모으는 속도도 더디게 느껴지며, 심지어 학자금 대출까지 있으면 대출 갚는 데 모든 돈을 써야 하기 때문에 종잣돈에 관심을 둘 여유가 없습니다. 반면 처음 직장을 얻고 돈을 벌면 소비의 가용범위가 넓어집니다. 학생 때는 엄두를 못 냈던 곳에 소비하게 됩니다. 신체적으로 정점에 있는 젊을 때일수록 소비를 통한 효용은 매우 높게 느껴집니다. 하지만 그렇다고 하더라도 투자로 성공하고 싶다면 반드시 종잣돈을 모아야 합니다. 공부를 하다 보면 투자란 것도 결국에는 현금 싸움인 것을 알게 될 것입니다. 잊지 마세요. 인생을 바꿀 절호의 기회가 왔을 때 그 사람에게 현금이 있느냐 없느냐가 성공과 실패를 좌우합니다.

(2) 진짜 부자 vs 가짜 부자

사람마다 직업이나 소득이 다릅니다. 모을 수 있는 돈의 크기가 다릅니다. 그래서 언뜻 생각하기에 돈을 모으는 것은 능력이나 방법의 문제라기보다, 직업에 따라 결정되었다고 생각하는 사람이 있습니다. 저도 예전에 그렇게 생각했습니다. 그래서 변호사가 되었습니다. 하지만 살아보니 현실은 꼭 그렇진 않더군요. 주변을 한번 둘러보세요. 직업 좋고, 소득 높은 사람이 종잣돈이 많아서 투자를 잘하는 사람인가요? 아닐 겁니다. 소득이 높은 사람은 소비도 높은 경향이 있습니다. 보상심리가 작동하고 소비를 통해 부를 확인받고 싶어 합니다. 진짜 부자가 아니라 부자가 되었다는 느낌을 받고 싶은 것이죠. 소득과 자산을 구별하지 못하고 수동소득의 개념을 이해 못 하니, 부의 본질인 시간과 자유를 확보하지 못합니다.

무엇보다 타인의 자산은 눈에 보이지 않습니다. 소비를 통해 부를 추정하는 것뿐입니다. 하지만 이 과정에서 엄청난 편견이 발생합니다. 소비는 소비일 뿐입니다. 소비 수준이 높다고 투자를 잘하거나 자산이 많은 것은 아닙니다. 실제 자산가들은 과시형 소비를 하지 않습니다. 그런 태도 때문에 부자가 되었고, 부자가 되었기에 그럴 필요도 없어진 것입니다. 삶에서 만족을 느끼는 포인트가 다르기 때문이기도 합니다.

저는 로펌에서 부동산 전문 변호사로 일하면서 부동산 자산가들, 부자들도 심심치 않게 만납니다. 일을 하다 보면 어쩔 수 없이 이들의 자산 내역을 보게 됩니다. 그런데 데이터로 확인하기 전까지 이들이 자산가라는 것을 전혀 알 수 없는 경우가 대부분입니다. 자산은 겉으로 드러나지 않기 때문입니다.

이에 반해 정반대의 사람들도 있습니다. 1년에 얼마를 번다고 자랑하면서 소비를 통해 입증하고 싶어 하는 사람들입니다. 이들은 자산과 부채를 구별하지 못하고 현재의 소득 수준이 영원히 이어질 것으로 착각합니다. 소득에 비해 소비 수준이 지나치게 높지만 정작 시간과 자유는 없는 사람들입니다. 바로 가짜 부자입니다.

잊지 마세요. 우리는 부자처럼 보이는 가짜 부자가 아니라 진짜 부자가 되어야 합니다. 진짜 부자가 되는 것은 직업이나 소득과 비례하지 않습니다. 투자란 것은 소득을 높이고 소비를 줄여서 현금을 확보하는 게임입니다. 시간이 지나면 적절한 곳에 투자된 자산 가치의 상승은 소득과는 비교할 수 없는 차이를 만들어 냅니다.

(3) 소득은 시간과 기회비용을 고려하자.

소득을 높이고 소비를 줄여서 현금을 확보해야 한다고 했습니다. 먼저 소득을 알아봅시다. 요즘에는 소득을 높이려고 투잡, N잡을 뛰는 사람도 있는데, 사람에 따라서는 이것도 유효한 방법이긴 합니다. 하지만 주의할 것이 있습니다. N잡에 드는 시간을 과도하게 들여서는 안 된다는 겁니다. 기회비용을 생각해야 합니다.

기회비용이란 크게 두 가지입니다. 첫째, 같은 시간과 노력을 본업에 투자했을 때 얻을 수 있는 성과이고, 둘째, 투자 공부에 필요한 시간입니다. N잡을 하느라 본업을 소홀히 하거나, 공부할 시간이 없으면 안 됩니다. 차라리 자신의 본업에 매진해서 시간당 단가를 높이는 것이 현명합니다. 자신의 가치를 높이면 추가 시간을 투입하지 않고 소득을 늘릴 수 있습니다.

남는 시간은 투자 공부에 사용할 수 있습니다. 앞서 본업이 최고의 투자라고 말씀드린 이유와 결이 같습니다. 소득을 높이는 다양한 방법을 연구하되, 반드시 시간과 기회비용을 생각하면서 선택해야 합니다.

(4) 소득보다 소비가 중요한 이유

이제 소비에 관해서 얘기해 보겠습니다. 종잣돈을 모으는 데 있어 어떤 면에서는 소득보다 소비가 더 중요합니다. 왜 그럴까요? 이유는 바로 소득보다 소비에서 내가 통제할 수 있는 범위가 크기 때문입니다. 필수 생계비야 당연히 필요하지만 대부분 사람들은 꼭 필요하지 않은 곳에 소비를 많이 합니다. 시간을 갈아 넣어 소득을 높이는 것보다, 나쁜 습관을 바꿔서 소비를 줄이는 게 더 쉽고 간편합니다. 소비 통제는 습관의 문제이므로 시간과 맞바꿀 필요가 없습니다. 오히려 나쁜 습관을 버림으로써 시간을 버는 효과가 있고, 그 시간을 투자 공부에 돌릴 수 있습니다. 소비를 통제하는 습관이 투자 성과의 핵심 역량인 자기통제력, 인내심, 적응력, 회복력을 키워주기도 합니다. 그래서 종잣돈 마련에는 소득보다 지출 통제가 중요한 것입니다.

투자 공부하기

(1) 목표 각인하기: 생각은 하나의 에너지다.

투자 공부도 목표가 분명해야 합니다. 목표를 세우려면 현재 상황을 알아야 합니다. 본인 나이, 직장, 소득, 결혼, 자녀 등을 고려해서 언제까지 얼마를 모으겠다는 각오가 필요합니다. 막연히 부자가 되겠다는 게 아니라 구체적인 숫자와 기한을 정하는 게 좋습니다. 반드시 돈일 필요는 없습니다. 하지만 적어도 자신이 원하는 상태를 시각화할 수 있는 선명한 기준점은 필요합니다. 위에서 언급한 것처럼 뇌가 명령어로 인식해야만 손과 발이 움직입니다.

목표를 정했다면 머릿속에 반복 각인하는 작업이 필요합니다. 매 순간 생각하다 보면 처음에는 허황돼 보일지라도 차츰 무의식에 스며들고 시간이 지나면서 익숙해집니다. 의식으로는 불가능해 보일지라도 무의식은 가능하다고 받아들인 것입니다. 생각을 통제하고 기분 좋은 상상을 거듭함으로써 현실이라는 올가미 속에 억눌려 있던 설렘, 의지력, 창의성이 발현될 공간을 열어줘야 합니다.

목표를 정할 때는 실현 가능성이나 방법은 생각하지 말아야 합니다. 순수하게 마음이 끌리는 것, 내가 진정 원하는 삶을 세팅해야 합니다. 그저 생각의 힘과 무의식의 위력을 믿고 가는 것입니다. 비전보드를 만들어도 좋고 원하는 이미지를 오려 붙여도 좋습니다. 끌어당김의 법칙 아시죠? 강력한 생각은 그 자체로 엄청난 에너지입니다. 생각만 분명하다면 어느 순간 행동하고 있는 자신을 발견하게 될 것입니다.

(2) 경제신문 읽기, 책 읽기

목표를 확고하게 했다면 다음으로 두 가지를 추천합니다. '경제신문 읽기'와 '책 읽기'입니다. 경제신문을 구독해서 용어와 흐름에 익숙해지는 게 좋습니다. 모든 학문은 언어학이란 말이 있습니다. 변호사가 되기 위해 법을 공부한다면 제일 먼저 할 것은 법률용어에 익숙해지는 것입니다. 경제나 투자도 마찬가지입니다. 경제신문을 읽다 보면 자연스럽게 흐름을 알게 됩니다.

책은 정말 중요합니다. 처음에는 어려운 책보다 투자 원칙이나 마인드에 관한 책이 좋습니다. 워렌 버핏(Warren Buffett), 찰리 멍거(Charles Munger) 같은 투자 대가들의 책도 좋고, 한국에서 사업이나 투자로 성공한 사람의 책도 좋습니다.

본업에 집중해야 하니까 신문과 책을 읽는 것은 따로 시간을 빼지 말고 출퇴근이나 토막시간을 이용하는 게 좋습니다. 신문은 도서관에서 여러 종류를 본 뒤 자기와 맞는 것을 선택해서 꾸준히 구독하면 됩니다. 처음에는 제목 위주로 빠르게 넘어가도 됩니다. 흐름만 잡는다는 생각으로요. 책은 종이책이 더 좋지만 익숙하지 않으면 오디오북으로 먼저 듣는 것도 괜찮습니다. 오디오북은 토막시간을 쓰기에 좋고 읽는 것보다 듣는 게 초심자가 접근하기에 좋습니다. 익숙해지면 오디오북은 종이책의 구매 결정을 하거나 재독할 때 효과가 좋습니다. 저는 책이든 신문이든 아날로그로 보는 것을 원칙으로 합니다.

(3) 스터디 참여하기, 강의 듣기

투자 공부에 있어서 경제신문 읽기와 책 읽기는 입문단계에 해당합니다. 그런데 공부를 하다 보면 자기 객관화가 되지 않습니다. 내가 제대로 공부하고 있는지, 목표를 이루는데 어디까지 와 있고 어떤 방향으로 가고 있는지 알 수 없습니다. 타인과 비교를 해야 자신을 알 수 있는 법이죠. 투자 공부도 마찬가지입니다. 그래서 사람을 만나러 가야 합니다.

스터디에 참여하면 자연스럽게 내 위치를 알 수 있습니다. 다른 사람으로부터 긍정적인 자극과 피드백도 받을 수 있어서 메타인지를 높이는 데 도움됩니다. 투자 공부가 처음이라면 최소 6개월 정도는 혼자 공부하고 기본 지식이 있는 상태에서 스터디에 참여하는 것이 좋습니다. 그래야 스터디 수준에 맞출 수 있고, 구성원들로부터 피드백을 받아도 효과가 좋습니다.

강의를 활용하는 것도 좋습니다. 강의는 짧은 시간에 압축적으로 지식을 흡수해서 시행착오를 줄이는 데 도움 됩니다. 실제 현장에서 활동한 사람들의 경험담이라 피부로 생생히 와 닿기도 하고요. 스터디가 수준이 비슷한 사람들이 모여 있다면, 강의는 뛰어난 전문가가 많기 때문에 이들의 노하우를 빠르게 흡수하는 데 매우 유용합니다.

강의도 어느 정도 기초 실력을 쌓은 후 들어야 효과가 좋습니다. 아무리 입문 강의라고 해도 용어부터 생소하면 도움이 안 됩니다. 스터디와 마찬가지로 최소 6개월 이상은 꾸준히 공부해서 기초 실력을 쌓은 후 강의를 들으면 실력이 부쩍 올라갑니다.

주의할 것은 실제 성과가 있는 사람의 강의를 들어야 한다는 것입니다. 강의 자체로 돈을 버는 게 목적인 사람은 이론만 내세울 가능성이 있습니다. 실제 행동한 사람의 경험담을 듣고 따라 배우는 데 집중하세요. 그리고 강의에서 공동 투자를 권하는 사람은 추천하지 않습니다. 투자는 자기 실력과 철학에 따라 해야 하고, 강의는 실력을 키우는 방법에 불과합니다. 특정 투자 종목을 추천하거나 공동 투자를 권하는 사람은, 강의가 강사 본인의 주 수입원일 가능성이 있습니다. 이런 사람의 책과 강의는 듣지 마시길 바랍니다.

(4) 부동산: 현장에 답이 있다.

주식과 달리 부동산에만 꼭 필요한 활동이 있습니다. 바로 현장을 가봐야 한다는 것입니다. 현장답사, 임장이라고 하죠. 부동산은 데이터를 분석하고 복잡한 공식과 테크닉만 키운다고 되는 게 아닙니다. 반드시 현장에 가서 눈으로 직접 확인해야 합니다. 수십 년간 부동산 데이터 전문가로 일했던 사람보다 인근 카페에서 담소를 나누는 주부들이 부동산 투자로 성공하는 경우가 많습니다. 현장에서 직접 느끼는 감각 그 자체가 때로 가장 정확한 답일 수 있습니다. 부동산은 반드시 현장에 가보는 것을 공부의 하나로서 생각해야 합니다.

지금까지 투자하는 이유와 필요한 준비물을 살펴봤습니다. 투자도 결국 행복을 위해 하는 것이며, 이를 위해서는 무엇보다 본업이 중요하다는 것도 알아봤습니다. 본업에서 가치를 높이고 소비를 통제해서 종잣돈을 모으고, 평소에 투자공부가 되어 있어야 기회를 잡을 수 있다고 얘기했습니다. 마인드가 장착되었고 준비물도 알았다면 이제 본격적으로 무엇을 살 것인지 살펴보겠습니다.

• 제1장 핵심요약

인생의 목적은 행복이고 투자도 행복을 위해 하는 것이다. 행복의 3요소는 건강, 자유, 관계이며 투자는 이 중에서 자유와 관련 있다. 부의 본질은 시간과 자유이므로 자본주의 사회에서는 투자가 필수다. 돈은 노동을 통해서만 벌어야 하고 투자로 부를 쌓는 것은 나쁘다는 인식이 있는 사람에게는 부가 찾아올 수 없다. 그런 생각도 제도교육에 의해 주입된 것임을 유념해야 한다.

투자에 있어 본업은 가장 중요하다. 본업을 통해 종잣돈을 모아야 시작이 가능하기 때문이다. 지속적인 현금흐름이 있어야 투자 성과에서 필수인 시간과 복리의 힘을 이용할 수 있다. 본업은 투자를 잘하기 위해서도 필요하지만 투자 후에도 남는 삶의 필수요소이기도 하다. 파이어족의 최후는 다시 일을 하는 것이다. 경제적 자유를 얻고 일에서 해방된다고 해서 행복이 찾아오지 않는다는 점을 주의해야 한다.

본격적인 투자를 위해 종잣돈과 지식이 있어야 한다. 종잣돈을 모으기 위해서 소득을 높이고 소비를 통제해야 한다. 소득을 높이는 데는 N잡도 좋지만 본업에서 시간당 가치를 높이는 것이 좋다. 남는 시간을 투자 공부에 활용할 수 있기 때문이다. 소비는 습관과 자기통제라는 점에서 소득보다 훨씬 중요하다. 소비를 통해 부자가 되었다는 느낌만 받으려 하는 가짜 부자는 절대 진짜 부자가 될 수 없음을 유념해야 한다.

투자공부는 경제신문 읽기와 책 읽기가 핵심이다. 초심자는 경제 용어에 익숙해지는 것부터 시작한다. 책은 처음에는 투자 철학과 마인드에 관한 것이 좋고, 차츰 자기와 잘 맞는 분야를 찾아서 특정 분야를 깊게 공부하면 된다. 책 읽기는 토막시간을 활용하되 익숙하지 않다면 오디오북도 좋다. 오디오북을 통해 콘텐츠를 일단 접하고, 관심 있는 내용이라면 종이책을 사서 재독하는 것이 효과가 좋다. 공부가 어느 정도 되었다면 관련 분야의 강연을 듣고 스터디에 참여하는 것도 메타인지를 높이는 데 도움이 된다. 만약 부동산으로 분야를 정했다면 반드시 현장에서 확인하는 작업이 필요하다. 부동산은 현장에 답이 있다는 것을 꼭 기억해야 한다.

Q&A 변호사님 궁금해요!

Q 투자도 행복을 위한 것이라면 투자하지 않아도 행복하게 살 수 있는 것 아닌가요?

물론입니다. 행복은 주관적 만족에 달려있습니다. 아무리 돈이 많아도 행복하다는 보장은 없습니다. 하지만 돈이 없다고 해서 더 행복한 것은 아니지요. 행복에는 다양한 변수가 영향을 줍니다. 다른 변수가 같다면 돈이 많을수록 행복할 가능성이 높습니다. 하고 싶은 일을 하고, 하기 싫은 일을 안 할 수 있기 때문입니다. 그것이 바로 자유입니다. 자유는 행복의 본질적 요소입니다. 자유로울수록 행복할 가능성이 높습니다.

문제는 우리가 자본주의 시스템에서 벗어날 수 없다는 것입니다. 이 시스템은 계속해서 돈을 찍어낼 수밖에 없습니다. 통화량은 불가역적으로 증가합니다. 인플레이션이 불가피하다는 뜻입니다. 투자를 안 하고 가만히 있으면 현상 유지가 아니라 자산이 녹아내리는 것과 같습니다. 투자라는 것을 특별한 사람이 하는 특별한 행동으로 생각하지 마십시오. 엄청난 부자가 되기 위해 투자하는 게 아니라, 나와 가족을 지켜주는 최소한의 안전장치를 마련하기 위해 필요한 행위입니다.

Q 본업에서 가치를 높이는 것은 전문직이나 사업가에게 의미 있는 것 아닌가요. 직장인이 가치를 높여봤자 한계가 있는 것 같은데요.

절대 그렇지 않습니다. 현재 직업이 중요한 것이 아니라 자신이 얼마나 필요한 사람인지가 중요합니다. 직장인도 회사에서 필요한 인재가 되면 얼마든지 가치를 높일 수 있습니다. 가치를 높이는 것은 영향력을 높이는 것이고, 영향력을 높이는 것은 누군가에게 필요한 사람이 된다는 뜻입니다. 타인의 필요와 나의 재능이 만나는 지점에 주목하세요. 세상은 늘 자신에게 도움 되는 누군가를 간절히 원하고 있습니다. 한계를 정하지 말고 가치를 높이기 바랍니다. 현존하는 최고 투자자 워렌 버핏이 한 말이므로 믿어도 좋습니다.

Q 때로 가만히 있는 것이 투자라고 하셨는데, 인플레이션에 따라 모든 자산가격이 오른다면 가만히 있는 만큼 기회를 놓치는 건 아닌가요?

부동산과 같은 실물자산은 장기적으로는 통화량 증가에 따라 우상향합니다. 하지만 단기적으로는 등락이 있습니다. 주식도 마찬가지입니다. 투자재로서 성격이 있는 자산이라면 단기 등락은 불가피합니다. 장기 우상향에 대한 믿음이 있더라도 아무 때나 사면 안 되는 이유입니다.

투자 시장에서 인간의 본성은 항상 같습니다. 광기에 사로잡혀 너도나도 뛰어들 때가 있는 반면, 공포에 사로잡혀 아무도 움직이지 않는 때도 있습니다. 무리와 함께 가려는 인간의 본능을 극복하고 자신만의 기준에 따라 행동해야 합니다. 자신의 신념이 확고하지 않거나, 현재 자신의 행동이 스스로에게 납득되지 않는다면 일단 멈춰서야 합니다. 침묵이 때로 매우 적극적인 의사표현인 것처럼 부작위도 상황에 따라서는 매우 의식적인 선택입니다. 모르면 가만히 있어야 합니다. 기회는 늘 옵니다. 조급해하지 말고 기다리세요. 다만, 기다리더라도 늘 기회를 주시하고 지식과 안목을 쌓아야 합니다.

Q 소득과 소비로 종잣돈을 열심히 모으라고 했는데, 아무리 모아도 아파트 가격을 보면 턱없이 느껴집니다. 차라리 소액으로라도 일찍 투자를 병행해서 종잣돈을 모으는 게 낫지 않을까요?

저는 반대합니다. 사람마다 차이는 있겠지만 최소한의 종잣돈을 모으는 시기에는 은행 예적금 외에는 하지 않을 것을 권유합니다. 이유는 두 가지입니다.

첫째, 투자 공부를 먼저 해야 하기 때문입니다. 돈만 빨리 모은다고 좋은 투자를 할 수 있는 게 아닙니다. 지식이 있어야 합니다. 처음부터 투자로 종잣돈을 모은다는 생각은 공부가 되기 전에 뛰어든다는 것인데 이는 매우 위험합니다.

둘째, 소득과 소비를 관리하는 과정 자체가 통제력을 키워주기 때문입니다. 투자에는 자기 통제가 필수입니다. 본업을 통해 가치를 높이고 소비를 관리하는 과정에서 자신을 단련하고 통제하는 습관을 들이는 것이 향후 투자 성과를 높이는 데 필수입니다. 초기 종잣돈을 투자를 통해 모으려는 생각은 빨리 성공하려는 욕심에서 비롯됩니다. 빨리 가는 것이 아니라 멀리 가는 것이 중요합니다.

Q 독서의 중요성을 강조하셨는데 초심자 입장에서는 어떤 책을 골라야 할지도 막막합니다.

어떤 투자든 마인드가 99%라는 말이 있습니다. 확고한 신념과 철학이 없으면 어떠한 방법론도 모래 위에 쌓은 성에 불과합니다. 책도 처음에는 투자 원칙이나 마인드에 관한 것이 좋습니다. 자본주의 시스템을 이해하고 화폐 경제 시스템을 이해하는 것부터 시작하세요. 왜 투자해야 하는지 필요성을 분명히 느껴야 합니다. 이 과정에서 나의 현재 상황을 직시하게 될 것입니다. 앞으로 어떤 방향으로 나가야 할지 어렴풋하게나마 길이 보이기 시작합니다.

어떤 책을 골라야 할지 모르겠다면 일단 서점에 가세요. 경제 경영 코너에 가서 제목과 표지로 직관적으로 끌리는 것을 하나씩 펼쳐봅니다. 저자를 확인하고 프롤로그와 목차를 보면서 끌리는 챕터만 간략히 읽어봅니다. 읽다 보면 나와 잘 맞는지 아닌지를 자연스럽게 알게 됩니다. 의외로 내용보다 구성이나 문체에 좌우될 수 있습니다. 의식보다 무의식이 먼저 반응하기 때문입니다. 그래도 상관없습니다. 유명한 고전이라고 해서 반드시 읽어야 한다는 강박에 사로잡히지 마세요. 권위보다는 나와의 교감이 훨씬 중요합니다.

이 과정도 익숙하지 않다면 오디오북으로 먼저 들어봅니다. 오디오북은 운전하거나 지하철 이동할 때, 산책하거나 운동할 때도 활용 가능하므로 토막시간을 쓰기 좋습니다. 읽는 것보다 듣는 것이 접근성도 높습니다. 관심 있는 책을 오디오북으로 듣다 보면 자꾸만 끌리는 책이 있고, 이유는 모르지만 거부감이 드는 책도 있습니다. 끌리는 책이라면 서점에 가서 종이책으로 확인하고 구매 후 정독하는 게 좋습니다. 내용을 깊이 있게 이해하고 머릿속에 각인하기 위해서는 종이책으로 읽는 것이 더 좋습니다. 책에 밑줄을 긋거나 메모를 남기거나 글로써 정리하면 더 오랫동안 기억에 남는다는 점도 알아두세요. 우리 뇌가 그렇게 반응하도록 설계되어 있습니다.

Q 진짜 부자 VS 가짜 부자 부분에서 수동소득을 잠깐 얘기하셨는데, 수동소득의 개념이 무엇인가요? 능동소득과 수동소득을 구별하는 것이 왜 중요한지 알려주세요.

나의 노동과 시간을 투입해야 나오는 소득이 능동소득이고, 노동과 시간 투입 없이 얻는 소득이 수동소득입니다. 자본주의 사회에서 노동, 시간, 돈은 교환 관계에 있습니다. 나의 노동과 시간을 타인에게 제공해야 돈을 벌고, 타인의 노동과 시간을 이용하려면 돈을 지불해야 하는 것이죠.

문제는 하루는 24시간으로 제한되어 있고, 24시간 내내 일만 할 수 없다는 것입니다. 단위시간당 노동과 시간을 끊임없이 투입해야 얻는 능동소득은 그래서 한계가 있는 것입니다. 물론 시간당 가치가 매우 높은 재능과 기술을 갖고 있다면, 어느 정도는 비례적인 관계에서 벗어날 수 있습니다. 하지만 이 또한 시간과 소득이 완전히 분리되지는 않습니다. 일을 멈추면 수입이 없기 때문입니다.

그래서 부의 본질인 자유를 얻으려면 수동소득이 필요한 것입니다. 시간을 투입하지 않아도 소득이 창출되는 시스템을 만드는 것입니다. 그것은 사업 시스템일 수도 있고, 투자로 자산을 확보하는 것일 수도 있습니다. 사업과 투자, 두 가지 방법으로만 자본주의 사회에서 수동소득 창출이 가능합니다.

이렇게 수동소득의 개념을 분명히 이해해야 합니다. 그래야만 부자가 되기 위해 더 오래, 더 열심히 일해야 한다는 잘못된 강박에서 벗어날 수 있습니다. 자산을 확보함으로써 노동과 소득이 분리되고, 돈과 시간을 동시에 확보할 수 있는 것이죠. 그래야 자유로울 수 있고 행복할 수 있는 것입니다. 진짜 부자는 이 개념을 알고 있는 사람입니다. 가짜 부자는 소비를 통해 능동소득이 많다고 자랑하는 사람일 뿐입니다. 여러분은 꼭 진짜 부자가 되길 바랍니다.

Chapter 02

Real Estate

무엇을 살 것인가

You Tube

제2장 무엇을 살 것인가

@wesolve_lawfirm

제2장

무엇을 살 것인가

종잣돈을 모았고 투자 공부도 되었다면 행동할 때입니다. 몇 년째 돈만 모으거나 공부만 하는 게 최종 목표는 아닙니다. 부동산 투자를 하려면 어차피 레버리지(Leverage)를 활용해야 합니다. 원하는 투자금이 모일 때까지 기다리기만 하는 건 의미가 없습니다. 지식 측면에서도 마찬가지입니다. 아무리 공부를 많이 해도 현장에서 경험이 하나씩 붙어야만 폭발력을 가질 수 있습니다.

각자 목표와 상황에 따라 다르겠지만 때가 되면 레버리지를 이용해서 과감히 투자해야 하는 건 분명합니다. 그런데 막상 투자하려고 보니 시장에는 다양한 상품이 존재합니다. 이전까지는 관심이 없어 안 보였지만 마음먹고 공부를 시작해 보면 세상에는 너무나 다양한 자산이 존재하는 것을 알 수 있습니다. 그렇다면 무엇을 사야 할까요? 정답은 본인 스타일에 맞는 것을 사면 됩니다.

이 책은 부동산에 관한 이야기입니다. 앞으로 얘기할 부동산의 특성을 정확히 이해하기 위해서는 먼저 다른 자산과의 비교가 필수입니다. 이 장에서는 다양한 투자 상품과 자산의 특성에 관해 이야기합니다. 투자의 방향은 크게 시세차익과 현금흐름으로 나눌 수 있고, 자산마다 장점과 단점이 있으니 이를 나눠서 살펴봅니다.

은행 예적금

첫째, 은행 예적금입니다. 은행에 목돈을 예치하거나 정기적으로 납입해서 이자와 함께 돌려받는 것이죠. 엄밀히 말하면 투자 상품으로 보기 어렵습니다. 하지만 투자나 재테크에 문외한이라면 가장 먼저 떠올리는 것이긴 합니다.

시세차익 면에서는 당연히 변화가 없습니다. 예금자보호법에서는 각 은행별로 1억 원까지만 보호하므로 뱅크런이 발생하는 최악의 경우 원금 손실 가능성도 있습니다. 하지만 대부분 사람은 여기까지 생각하지 않습니다. 지금과 같은 저금리 시대에 인플레이션을 감안하면 손해라는 생각에 선택을 안 할 뿐입니다.

현금흐름 면에서는 어떨까요? 금리에 달려 있습니다. 만약 현재와 같은 약 3%라고 감안하면, 1억을 넣으면 1년에 300만 원, 3억을 넣으면 1년에 900만 원, 5억을 넣으면 1년에 1,500만 원을 이자로 수령합니다. 세금을 빼면 좀 더 적겠지요. 만기를 짧게 잡을 수 있으나 예적금은 대부분 사람들이 목돈을 예치하는 개념으로 생각하므로 매월 현금흐름을 기대하지는 않습니다.

앞으로는 어떻게 될까요? 금리가 좌우합니다. 그러나 우리나라 기준금리는 구조적으로 높아지기 어렵습니다. 과거와 같은 고도성장기가 지나고 선진국형 경제로 진입했기에 유동성을 공급해서 경제를 살릴 수밖에 없기 때문입니다. 유동성은 빚이며 빚은 곧 저금리를 의미합니다. 실제로 IMF 이전에 예금금리가 10-20% 수준일 때는 예적금으로도 충분히 자산을 모을 수 있었습니다. 그런 호시절은 지났다고 봐야 합니다.

은행 예금의 장점은 마음의 평화, 안정성에 있습니다. 복잡한 거 신경 쓰기 싫고 인플레이션이 되든 말든 원금 손실은 절대 싫고, 안정적으로 예금이자만 받으면서 마음의 평화를 누리고 싶으면 선택합니다. 수익률은 낮지만 확정적인 수익을 보장합니다. 예측 가능성을 바탕으로 계획을 세우기 좋습니다. 단점은 인플레이션을 감안하면 실질적으로 원금이 손실되고, 다른 투자 상품에 비해 수익률이 낮다는 데 있습니다.

확정적인 수익을 원하거나 투자 지식이나 경험이 부족한 경우 선택할 수 있습니다. 하지만 적어도 이 책을 읽는 분이라면 투자에 관심 있는 분일 겁니다. 종잣돈을 모으는 과정이거나 다른 투자 기회를 염두에 두고 실탄을 확보해 놓는 차원이면 몰라도, 굳이 인플레이션 헤지가 안 되는 은행 예적금이 최종 목표는 아닐 겁니다.

주식, ETF

주식은 부동산과 함께 대표적인 투자 상품입니다. 소액 투자가 가능하고 환금성이 좋으며, 거래비용이 저렴한 것이 장점입니다. 변동성이 크고, 원금 손실 가능성이 있으며, 국내 주식의 경우 배당률이 낮아서 현금흐름 면에서는 단점입니다.

주식의 장점은 살리고, 단점은 보완하는 것이 ETF(Exchange Traded Fund), 상장지수펀드입니다. 다양한 주식을 바구니에 담아서 지수를 추종하는 것으로 구성된 인덱스 펀드(Index Fund)죠. 국내도 있고 해외도 있습니다. 아무래도 국내보다 주식시장이 발달한 미국 ETF가 인기가 많습니다.

미국 ETF도 수많은 종류가 있습니다. 대표적으로 S&P 500, 나스닥 100을 추종하는 상품이 있습니다(SPY, VOO, QQQ). 장기 보유한다면 시세차익 면에서 괜찮은 수익을 얻을 수 있습니다. 복리효과와 매도시점을 감안해서 최소 5-10년은 보관하는 게 좋습니다. 당장 목돈이 필요 없다면 매도하지 말고 계속 보유만 하는 것이 좋습니다.

현금흐름 면에서는 배당률을 봐야 합니다. ETF마다 배당률이 다릅니다. 배당에 초점을 맞춘 상품이 있는데, 시세차익을 조금 포기하더라도 배당률이 높은 ETF를 선택하면 더 높은 현금흐름을 만들 수 있습니다. 하지만 다른 상품과 마찬가지로 시세차익과 현금흐름 둘 모두를 만족시키는 경우는 없습니다. 무게중심과 비중의 차이가 있을 뿐입니다.

주식과 ETF의 장점은 부동산과 달리 유지 관리가 필요 없고, 세금과 거래 비용이 낮고 원하는 금액만 넣을 수 있으며, 돈이 필요할 때 환금성도 매우 좋다는 것입니다. 특히 ETF는 개별 주식과 달리 지수 전체를 추종하므로 안전하기도 합니다.

단점이라면 변동성이 커서 단기 보유할 경우 구간에 따라 손실 가능성이 있고, 주식시장을 보는 눈이 없으면 언제 매수하고 매도할지 판단할 수 없으므로 관리가 어렵습니다. 주식과 ETF는 목돈을 한 번에 예치하는 것보다 우량주를 적립식으로 분할 매수하는 것이 좋습니다. 매도하지 않고 보유만 한다는 생각으로 접근하는 것이 복리 효과를 극대화할 수 있습니다. 조만간 팔 생각으로 보유하는 것을 추천하지 않습니다. 단기 트레이딩보다 우량주를 적립식으로 꾸준히 매수하고 기업과 동업한다는 생각으로 시간과 복리의 힘을 믿는 것이 좋습니다.

수익형 부동산(상가, 지식산업센터, 오피스텔)

(1) 구분상가

상가는 수익형 부동산입니다. 월 수익에 맞춰진 상품이죠. 구분상가는 시세차익이 크지 않습니다. 작은 건물을 통째로 매입하는 꼬마빌딩이라면 땅의 가치 상승으로 인한 시세차익이 상당합니다. 하지만 투자비용이 많이 들기 때문에 대출을 받더라도 초기 목돈이 많이 필요합니다.

상가는 지역과 시기에 따라 수익률이 다릅니다. 예컨대 5%로 가정할 경우, 10억이면 1년에 5,000만 원, 월 416만 원의 수익이 발생합니다. 보통 대출을 받아 매입하므로 대출이자를 공제한 실제 현금흐름으로 계산해야 합니다. 경매로 싸게 매입한다면 수익률은 높아집니다.

상가는 입지가 좋고 공실 관리만 잘 된다면 안정적인 수익을 낼 수 있습니다. 다만, 경기와 금리에 영향을 많이 받습니다. 공실 피해가 생기면 수익률이 무의미하며, 매매까지 함께 힘들어집니다. 경우에 따라 원금 손실 가능성도 있습니다.

상가는 시세차익보다 안정적인 현금흐름이 중요한 사람이 선택할 수 있습니다. 얼마나 싸게 매입하는지가 수익률을 좌우하므로 경매로 낙찰받는 것도 좋습니다. 사전에 입지와 상권을 철저히 분석해야 하고, 공실률과 수익률을 감안해서 신중하게 접근해야 합니다. 특히 신도시나 초기 분양상가는 참고할 만한 데이터가 없는 상태에서 분양대행사의 광고에 현혹될 수 있으므로 반드시 주의해야 합니다. 저희 로펌에 법률 자문이나 소송으로 찾아오는 많은 분들이 분양상가를 무턱대고 계약한 뒤 후회합니다.

노년에 따박따박 월세를 받을거란 기대에 부풀어서 성급하게 계약하면 향후 소송을 하더라도 계약을 해지하거나 투자한 돈을 돌려받기가 매우 어렵다는 점을 꼭 기억해야 합니다.

(2) 지식산업센터

지식산업센터는 과거 아파트형 공장입니다. 이름만 바꿨는데 느낌이 다르죠? 수익형 부동산이며 상가의 대안으로 떠오르고 있습니다. 일반 상가와 차이가 있다면 임차인의 업종이 벤처, IT, 중소기업 위주라는 점, 상가에 비해 훨씬 깨끗하고 건물관리가 잘 된다는 특징이 있습니다. 다수의 업종이 모여 있으므로 하나의 건물 안에서 세무, 법무 등 다양한 업무를 한꺼번에 처리할 수 있습니다.

지식산업센터는 수익형 부동산이지만 약간의 시세차익도 있습니다. 상가와 마찬가지로 지역과 시기, 입지에 따라 수익률이 다릅니다. 특히 경매로 싸게 매입해서 현금흐름을 만들 경우, 안정적인 월 수익을 만들 수 있습니다. 일반 상가에 비해 관리가 수월하고, 임차인의 업종이 안정적이기도 합니다. 준공업지역에만 지을 수 있으므로 서울의 경우 성수, 문정, 영등포, 문래 등 들어설 수 있는 지역이 한정적입니다. 때문에 역세권의 지식산업센터인 경우 높은 수익률과 안정성을 확보할 수 있습니다.

하지만 상가와 마찬가지로 경기에 따라 변동이 심합니다. 경제 상황이 좋거나 금리가 낮고 공실이 없을 때는 수익률이 높기 때문에 매매도 잘 되지만, 반대의 경우에는 공실이 많고 공급 과잉으로 마이너스 피로 거래되기도 합니다. 채무를 못 갚아서 경매 물건으로 많이 나오기도 합니다. 주거용 부동산에 비해 환금성도 불리한 편입니다.

하지만 이런 단점에도 불구하고 수익형 부동산으로서 향후 비전을 감안했을 때 상가보다 훨씬 가치가 있습니다. 투자 대상으로서 접근성도 좋은 편입니다. 일반 상가는 입지와 방향, 층수에 따라 시세가 천차만별이라 적정한 시세를 알기 어렵고 수익률 계산이 어려워서 매입하고 손해를 보기도 합니다.

하지만 지식산업센터는 임대료와 매매가가 어느 정도 표준화되어 있고 예측 가능한 상품이라서 상대적으로 안전하다고 볼 수 있습니다. 주거용 부동산에서 단독주택보다 아파트가격이 표준화된 것처럼 상가와 지식산업센터의 관계도 마찬가지입니다.

(3) 오피스텔

오피스텔도 대표적인 수익형 상품입니다. 시세차익보다 현금흐름을 목표로 하는 사람이 투자합니다. 오피스텔은 업무용뿐만 아니라 주거용으로도 사용되므로 상가에 비해 공실 염려가 적습니다. 입지가 좋은 곳의 오피스텔이라면 인근 아파트 가격이 비싸므로 사람들이 주거의 대안으로 선택하기 때문입니다.

오피스텔은 크게 두 가지로 나눌 수 있습니다. 주로 1인 가구가 거주하는 원룸형 오피스텔과 3-4인 가구에 맞춰진 아파텔이 있습니다. 원룸형 오피스텔은 주거용이지만 수익형 부동산에 가깝고, 아파텔은 아파트의 대체재로 기능하면서 일정한 시세차익도 있습니다. 아파텔은 아파트만큼은 아니더라도 부동산 가격 상승기에 함께 오르는 특징이 있습니다.

오피스텔의 단점이라면 아파트에 비해 공급이 쉽다는 것입니다. 내가 투자한 지역에 오피스텔이 늘어날 경우, 수익률이 떨어지고 공실 피해가 있으며 매매도 힘들어집니다. 시간이 지날수록 아파트에 비해 감가상각이 심하고 재건축에 대한 기대감이 반영되지 않기 때문에 오래될수록 가격 상승을 기대하기 어렵습니다.

그래도 현금흐름을 목표로 하는 하는 경우, 상가에 비해 공실 우려가 작고, 가격이 저렴하며, 입지 분석과 진입장벽이 낮다는 장점이 있어 선호되는 상품입니다. 특히 아파텔의 경우, 내 집 마련을 위한 실수요자들이 아파트의 대체재로 선택하기 때문에, 입지가 좋은 아파텔은 웬만한 아파트보다 인기가 좋습니다. 일정한 현금흐름을 만드는 게 목표라면 원룸형 오피스텔을 경매 등으로 싸게 매입하는 게 좋고, 아파트에 준하는 시세차익을 목표로 한다면 입지가 좋은 곳의 아파텔을 매입해서 장기 보유하는 것이 좋습니다. 참고로 아파텔은 주상복합과는 다릅니다. 주상복합은 토지용도상 상업지역에 지어진 아파트를 의미하고, 아파텔은 어디까지나 오피스텔에 속한다는 점을 주의해야 합니다.

아파트

마지막으로 아파트입니다. 우리나라 부동산의 대표주자에 해당합니다. 아파트를 이해하면 우리나라 부동산 시장의 특수성과 부동산의 자산으로서 특성을 한 번에 이해할 수 있습니다. 아파트는 대표적인 주거용 부동산에 해당합니다. 안전성, 쾌적성, 편리성 면에서 가장 선호되기 때문입니다.

특히 외국과 다르게 우리나라 아파트는 단지형으로 구성된 것이 특징입니다. 외국에서 아파트는 한 동짜리 건물만 덩그러니 있는 나홀로 아파트인 경우가 많습니다. 건물 주변에 부대시설이나 인프라가 전혀 없기 때문에 사람들이 선호하지 않습니다. 저소득층이 밀집해서 사는 주거지역으로 인식되는 경향도 강합니다.

하지만 우리나라 아파트는 대규모 세대가 대단지를 이루어 산다는 특징이 있습니다. 단지 안에 각종 부대시설이 모두 들어와 있어 편리하고, 지하에 주차장을 만들고 지상에는 정원을 꾸며놓아 쾌적한 휴식공간으로서 역할도 합니다. 경비나 보안시스템이 잘 되어있고 건물 관리도 잘 되므로 각종 사고로부터 안전합니다. 단지 안과 밖의 경계를 구분지어, 같은 구성원이라는 소속감과 일체감을 부여하기도 합니다. 말 그대로 하나의 성을 이루고 있는 것입니다.

이렇듯 우리나라 아파트는 외국처럼 건물만 한 채 있는 것이 아니라, 단지로 구성되어 하나의 생활권을 형성하므로 사람들이 선호하는 것입니다. 안전하고, 쾌적하며, 편리하기 때문입니다. 좁은 땅에 높은 인구밀도를 가진 대한민국에서 주거용 부동산을 대량 공급하는 방법으로 어쩔 수 없이 선택한 것이라고 해도, 정부의 처음 의도와는 달리 이러한 단지형 아파트가 대한민국에서 수십 년간 진화화면서 이제는 너도나도 아파트에서 살고자 하는 것이 확고한 주거 문화로 자리 잡았습니다.

이렇듯 아파트에는 풍부한 거주 수요가 있기 때문에 가격이 오를 수밖에 없습니다. 수십 년간 가격이 오르는 것을 경험하자, 사람들은 아파트를 투자대상으로 삼기 시작했습니다. 여기에 우리나라에만 고유한 전세라는 거래 방식이 더해지면서 아파트가 투자 상품이 된 것입니다.

아파트를 투자로 접근하는 사람은 매매-전세 차액인 현금을 넣어서 투자합니다. 갭투자로 비난받기도 합니다. 하지만 투자 자체가 불법이거나 문제가 있는 것은 아닙니다. 갭투자가 문제가 아니라, 갭투자를 이용해서 사기를 치는 것이 문제죠. 전세는 월세에 비해 고정 비용을 줄이고 내 집 마련을 위한 중간 사다리 역할을 한다는 점에서 임차인에게 유리한 거래이기도 합니다. 전세를 끼고 매매하는 투자가 우리나라 아파트 투자의 특징이며, 가장 보편적인 형태인 것은 누구도 부인할 수 없습니다.

아파트는 대표적인 시세차익형 투자입니다. 돈이 풀리고 유동성이 풍부해지면 자금은 결국 부동산으로 흐릅니다. 특히 서울 수도권 핵심지 아파트를 장기 보유할 경우 시세차익은 상당합니다. 엄청난 수요를 가진 필수재이므로 공실 염려가 없고, 오피스텔, 빌라와 같은 다른 주거용 부동산에 비해 공급도 어렵기 때문에 주기적인 수급 불일치로 인해서 가격이 폭등하기도 합니다.

단점이라면 규모가 크고 거래비용이 많이 들어 주식처럼 자주 거래할 수 없다는 것입니다. 월세 수익이 가능하지만 다른 자산에 비해서 수익률이 낮기 때문에 현금흐름이 중요한 사람에게는 적합하지 않습니다. 정부의 정책이나 세금에 따라 매도하는 것이 어려울 수 있으며, 임차인에게 전세금을 제때 못 돌려줄 경우, 다양한 소송과 분쟁으로 이어질 염려가 있습니다.

모든 것이 완벽한 무엇은 없다.

지금까지 대표적인 투자 상품을 소개했습니다. 무엇이 가장 좋은가요? 이렇게 묻는다면 질문이 잘못된 것입니다. 정답은 본인 상황과 스타일에 맞게 선택하는 것입니다. 그리고 각 자산별로 장점과 단점을 분명히 이해하는 것이 중요합니다.

세상에 모든 것이 완벽한 사람은 없습니다. 사랑하는 사람의 눈에만 그렇게 보일 뿐이죠. 투자 상품도 마찬가지입니다. 모든 것을 만족시키는 것은 없습니다. 장점이 있으면 단점이 있습니다. 누군가 어떤 상품을 추천하면서 손해 볼 일이 전혀 없다거나, 이보다 더 좋은 상품은 없다거나, 단점은 하나도 없다고 말한다면 두 가지 중 하나입니다. 본인도 그렇게 믿고 있거나, 알면서 사기를 치는 경우입니다.

자산별로 장점과 단점이 분명하다는 것을 살펴봤습니다. 은행 예적금은 안정적이지만 물가상승률 이상의 수익을 보기 어렵고, 주식은 소액으로 쉽게 투자가 가능하고 환금성도 뛰어나지만 변동성이 크고 원금손실 가능성이 있습니다. 이를 보완하는 ETF는 주식에 비해서는 안정적이지만, 이 또한 변동성이 있고 부동산에 비해서는 레버리지를 쓰기 어렵습니다. 상가와 지식산업센터 같은 수익형 부동산은 안정적인 현금흐름을 만들어 주지만, 오랜 시간이 지나도 시세차익이 적고, 경기불황에 공실이 겹치면 가격이 하락하는 것도 다반사입니다. 오피스텔의 경우 주거용으로 사용되므로 상가에 비해 공실 염려가 적고 싸게 매입하면 괜찮은 현금흐름을 만들어 주지만, 시간이 지날수록 감가상각이 심하고 시세차익도 크지 않습니다. 아파트는 오래 보유할 경우 시세차익이 상당하고 막대한 레버리지로 수익률을 높일 수 있지만, 매월 현금흐름을 만들기에 불리하고 거래비용이 많이 든다는 단점이 있습니다.

무엇을 살 것인가: 자기 스타일에 맞게

중요한 것은 각 자산별로 단점보다 장점에 집중하는 것입니다. 아파트를 선택하면서 월 수익률이 나쁘다고 불만을 갖거나, 상가를 선택하면서 시세차익이 없다고 한탄하거나, 오피스텔을 선택하면서 무조건 오래 보유하면 가격이 오른다고 믿거나, 주식과 ETF를 선택하면서 레버리지를 크게 쓰려고 하면 안 됩니다. 심지어 은행 예적금에 돈을 넣어두면서 언젠가 고금리 시대가 다시 올 거라고 믿는 바보도 있습니다. 이들은 상품을 잘못 고른 것이 아니라, 상품의 장점을 이해하지 못한 것입니다.

상품의 장점을 제대로 이해해야만 자기 상황에 맞는 투자를 할 수 있습니다. 안정된 직장을 갖고 있고 당분간 소득이 받쳐줘서 자산 증식을 원한다면 아파트와 같은 시세차익형 투자를, 당장 현금흐름이 중요한 사람은 수익형 부동산을 투자합니다. 한 번에 목돈과 거래비용이 드는 부동산보다 기업과 산업에 관심이 많고 소액으로 매수하길 원한다면 주식이나 ETF를 선택합니다. 다시 강조하지만 자산의 특성을 알고 자기 상황에 맞는 투자를 하는 것이 중요합니다. 모든 것을 만족시키는 것은 없기 때문입니다.

다만, 한 가지는 분명히 말씀드리고 싶습니다. 저는 1장에서 본업에서 커리어를 쌓고 가치를 높이는 일이 가장 중요하다고 말씀드렸습니다. 또한 초기 종잣돈을 단기 투자로 마련하는 것도 추천하지 않았습니다. 같은 맥락에서 어떤 상품이든 사고팔기를 반복하기보다 우량자산을 싸게 매입하여 장기 보유하는 것이 좋다는 게 제 생각입니다. 아파트는 말할 것도 없고 수익형 부동산으로 현금흐름을 목표로 하더라도 잦은 매매에 드는 거래비용, 세금, 공실 피해를 감안하면 애초에 안 팔아도 되는 자산을 사는 것이 좋습니다. 주식과 ETF 역시 분할 매수를 하더라도 팔지 않고 사 모을 뿐이라는 생각을 가지는 게 좋습니다. 잘 파는 것보다 잘 사는 것이 무엇보다 중요합니다.

부동산, 아파트를 알아야 하는 이유

무엇을 살 것인지는 각자 상황에 맞게 하더라도, 우리나라에서 부동산 특히 아파트를 알아야 하는 이유는 분명히 있습니다. 왜냐하면 아파트와 같은 주거용 부동산은 내가 원하든 원치 않든, 각자의 인생에서 적어도 한 번의 의사결정은 반드시 해야 하기 때문입니다. 매매냐 임대냐의 차이만 있을 뿐이죠.

투자에 관심이 없더라도, 부동산보다 주식에 더 관심이 있더라도, 내 집 마련을 위해 부동산을 선택하는 순간은 피할 수 없습니다. 모두의 인생에서 최소 한 번, 불과 몇 번의 의사결정이 자신과 가족의 부의 크기를 좌우한다면 반드시 알아야 하지 않을까요?

누군가는 이렇게 말합니다. 어차피 내가 살 집 고르는 거니까 오르든 내리든 관심 없고, 살기 좋고 편한데 고르면 되지 굳이 투자 공부해야 하나요? 저는 이렇게 답하고 싶습니다. 해마다 물가는 오르는데 다른 집과 달리 당신이 선택한 집만 오르지 않아도 괜찮으신가요? 당신이 성급하게 했던 결정 때문에 더 좋은 지역으로 이사를 못 가도 괜찮으신가요? 가족 모두가 당신의 의견에 따라 움직이도록 설득하실 수 있을까요?

아파트는 필수재이자 투자재로서 성격을 동시에 갖고 있습니다. 내 집 마련이나 실수요자라고 해서 아파트의 투자 성격을 고려하지 않는다고 말한다면 저는 위선이라고 생각합니다. 우리 모두 본능적으로 알고 있습니다. 부동산, 아파트는 절대 관심을 끌래야 끌 수 없다는 것을요. 어차피 알아야 할 것이라면 이참에 제대로 공부해 놓는 게 낫지 않을까요.

우리나라 사람들은 아파트를 특히 좋아합니다. 자녀를 키우기 안전하고 쾌적하며, 맞벌이 여성들이 가사노동에서 해방되는 것과도 관련이 있습니다. 아파트로 부를 쌓았던 부모 세대의 경험과도 맞닿아 있습니다. 여하튼 우리나라에서 부동산 투자를 이해하려면 아파트를 빼놓고 이해할 수 없습니다. 그럼 이제부터 본격적으로 아파트 이야기를 해보겠습니다.

• 제2장 핵심요약

다양한 투자 상품이 있지만 모든 것을 만족시키는 것은 없다. 각 자산마다 장단점이 있을 뿐이다. 가장 쉽게 은행에 예적금하는 것이 있지만 우리나라는 향후 구조적인 저성장이 불가피하므로 기준 금리가 높아지기 어렵고 인플레이션을 감안하면 투자라고 보기 어렵다.

주식은 변동성이 크다는 단점은 있다. 하지만 기업과 산업을 이해하고 기업 가치를 평가하는 눈을 가져 우량주를 매수하면 좋은 투자가 될 수 있다. 거래비용이 낮고 환금성이 좋으며 소액으로 매수할 수 있다는 장점도 충분하다.

ETF는 지수 전체를 추종하는 것으로 구성된 상장지수펀드로서 주식의 단점인 변동성을 극복하며 매우 안정적이다. 개별 종목이 아니라 지수 전체를 투자하는 것이므로 복잡한 고민 없이 적립식으로 분할 매수할 수 있다. 특히 최근 다양한 ETF 상품이 늘어났으므로 자신의 성향에 맞게 배당으로 현금흐름을 목표로 할 수도 있고, 시세차익을 목표로 할 수도 있다. 장기 보유 시 인플레이션을 훨씬 웃도는 수익률을 얻을 수 있다.

수익형 부동산은 대표적으로 상가, 지식산업센터, 오피스텔이 있다. 상가는 경기변동과 금리, 공실 여부에 따라 수익률이 달라지지만, 사람들이 선호하는 우량 입지에 위치한 상가를 싸게 매입하면 안정적인 현금흐름을 만들 수 있다. 시세차익보다 현금흐름을 목표로 하는 사람에게 적합하다. 수익률에 영향을 미치는 것이 얼마나 싸게 매입하는지와 연관되므로 경매, 공매로 사는 것도 좋다. 다만 장기 보유해도 시세차익을 기대하기 어려우며, 시세차익이 있는 입지의 상가는 매매 단위가 너무 크거나 월 수익률이 너무 낮다는 단점이 있다.

지식산업센터는 과거 아파트형 공장으로서 구분상가에 비해서 건물 관리가 잘 되고 안정적인 업종의 우량 임차인이 들어온다는 것이 장점이다. 상가에 비해서는 약간의 시세차익을 기대할 수 있으며, 비대면 업종의 증가와 소비 트렌드 변화로 직격탄을 맞는 상가에 비해 안정적이다. 다만, 준공업지역에만 지을 수 있고, 부동산 경기가 과열되면 지역별로 공급이 과잉되어 공실이 늘고 수익률이 떨어지며 이로써 매매가 함께 어려워지는 단점이 있다. 일반 상가와 마찬가지로 싸게 매입하는 것이 중요하므로 괜찮은 입지에 있는 것을 경매, 공매로 낙찰받는 것도 좋다.

오피스텔은 원룸형의 소형 오피스텔과 아파트의 구조와 기능을 갖춘 아파텔로 나눌 수 있다. 원룸형 오피스텔은 수익형 부동산에 속하며 시세차익보다 현금흐름을 목표로 하는 사람에게 적합하다. 주거용으로 사용되므로 상가, 지식산업센터에 비해 공실 위험이 적으며, 소액으로 매수 가능하므로 접근도 쉽다. 다만, 아파트에 비해서는 공급이 쉬운 탓에 같은 지역에 신축 오피스텔이 늘어날 경우 가격이 쉽게 영향을 받고, 시간이 지나도 시세차익을 기대하기 어렵다. 아파텔은 오피스텔에 속하지만 방이 2-3개 이상이고 아파트의 구조와 기능을 갖춘 것을 뜻한다. 아파트의 대체재로 여겨지므로 핵심지라면 아파트만큼은 아니더라도 일정한 시세차익을 기대할 수 있다.

아파트는 대표적인 시세차익형 부동산이다. 아파트는 거래비용이 많이 들고, 월 수익률이 낮다는 단점이 있지만 레버리지를 이용할 수 있다는 점, 장기 보유 시 상당한 시세차익을 얻을 수 있다는 장점이 있다. 우리나라 아파트는 외국과 달리 단지형으로 구성되어 거주하기 편하고 우리나라 역사적 경험과 맞물리면서 가장 보편적인 투자 수단이 되었다. 특히 아파트는 매매든 임대든 누구나 일생에 한 번은 만난다는 점에서, 꼭 투자를 하지 않더라도 반드시 알아둬야 한다.

Q&A 변호사님 궁금해요!

Q 다양한 투자 상품과 자산이 있는데, 공부를 할 때는 한 분야를 파고 다음 분야로 넘어가는 게 좋을까요. 동시에 여러 분야를 다 살펴보는 게 좋을까요?

자신이 가장 익숙하고 끌리는 분야를 먼저 보는 게 좋습니다. 우연히 어떤 책을 접하거나, 가까운 지인이 성과를 냈거나, 어릴 때부터 부모님의 투자를 보고 배웠거나, 평소 개인적으로 관심 있는 분야가 있을 수도 있습니다. 저처럼 직업적으로 연관되는 부분이 있어 부동산에 빠져들기도 합니다.

모든 분야를 알 수도 없고 알아야 할 필요도 없습니다. 자신이 가장 익숙하고 쉽게 접근 가능한 분야의 공부를 먼저 하면, 자연스럽게 다른 자산과 비교가 되고, 자산의 특성도 이해하게 됩니다. 하지만 이미 말씀드린 것처럼 주식이나 다른 투자상품은 해도 그만, 안 해도 그만이지만, 부동산 특히 아파트는 필수재이므로 주력 분야가 아니라도 최소한의 기본공부는 해두는 게 좋습니다. 이왕 할 거면 제대로 공부하면 더 좋겠지요. 부동산을 공부하면 투자 관점을 넘어서 우리나라의 경제구조와 사회 문화적 트렌드, 사람들의 심리도 덤으로 알 수 있기 때문에 세상을 보는 시야가 한층 깊고 넓어집니다.

Q 요즘 주식보다 ETF에 대한 관심이 많이 늘었습니다. 책에서도 ETF 얘기를 잠깐 하셨는데, ETF가 어떤 것인지 좀 더 자세히 알려주세요.

ETF는 주식시장에 상장된 대표적인 기업들의 주식을 한 바구니에 묶어서 지수를 추종하도록 구성한 펀드입니다. 상장지수펀드라고 합니다. 주식처럼 단위 거래가 가능하지만, 개별 종목이 아니라 지수 전체를 추종하므로, 주식에 비해서 변동성이 작고 안정적이라는 장점이 있습니다. 개별 주식이야 등락이 심하고 심지어 상장폐지가 되면 휴지 조각이 되기도 하지만, ETF는 주식시장 전체가 망하는 일은 없고, 예탁결제원에 돈이 보관되기 때문에 원금을 날릴 위험도 없습니다. 미국에서는 오래전부터 있었지만, 국내에서 널리 알려진 것은 불과 10여 년쯤 되는 것 같습니다.

<돈의 속성>의 저자 김승호 사장님은 주식은 사 모을 뿐이라는 생각을 가지라고 했습니다. 저도 동의합니다. 애초에 매도 시점을 고민하면서 단기 트레이딩하기 보다는, 우량주 위주로 매수하는 게 좋습니다. 그런 면에서 ETF는 종목 선택에 대한 고민 없이 적립식으로 분할 매수하기에 좋은 펀드이죠. 자신이 주식에 대해 잘 모른다고 생각하는 사람일수록 ETF에 돈을 넣는 게 현명합니다.

Q 주상복합과 아파텔을 잠깐 언급하셨는데 구체적으로 어떻게 다른지, 투자 관점에서 어떻게 접근하면 되는지 알려주세요.

단어만 보면 주상복합은 주거와 상가가 같이 있는 오피스텔 같고, 아파텔은 아파트처럼 느껴집니다. 그래서 헷갈리기 쉽습니다. 하지만 반대입니다. 주상복합은 아파트에 속하고, 아파텔은 오피스텔에 속합니다.

먼저 주상복합부터 알아볼까요. 우리나라의 모든 토지는 국토계획법에 따라 용도가 정해져 있습니다. 주거, 상업, 공업, 농업지역으로 나뉘고, 주거지역은 전용, 일반, 준주거지역으로, 상업지역은 중심, 일반, 유통, 근린상업지역으로 나눠집니다. 재건축 용적률을 따질 때 자주 등장하는 개념입니다. 용도에 따라 용적률, 건폐율이 다르기 때문입니다.

주상복합은 상업지역에 지어진 아파트를 뜻합니다. 일반적으로 대단지 아파트는 주거지역에 들어옵니다. 하지만 상업지역에도 아파트를 짓는 경우가 있는데, 주로 단지 없이 건물만 있는 나홀로 아파트인 경우가 많습니다. 상업지역이므로 역 주변이나 상권과 바로 인접해 있습니다.

이런 주상복합 아파트는 역과 상권에 가깝다는 장점이 있으나, 일반적으로 주거지역에 있는 단지형 아파트에 비해 투자가치는 떨어집니다. 단지가 없기 때문에 안전성, 쾌적성, 편리성 면에서 불리하기 때문입니다. 무늬만 아파트일 뿐 실질은 오피스텔과 유사합니다. 하지만 주의할 것은 최근 역 주변에 들어서는 단지형 주상복합 아파트는 기존의 대단지 아파트의 장점을 갖고 있으면서도 동시에 지하철, GTX 역과 매우 가까워서 그 지역의 대장아파트 역할을 하기도 합니다.

반면 아파텔은 오피스텔의 일종입니다. 잠깐 언급했지만, 오피스텔은 원룸형 오피스텔과 아파트와 구조가 유사한 2-3룸 이상의 아파텔로 나눠집니다. 아파텔은 법률용어가 아니라 아파트와 구조가 유사한 오피스텔을 일컫는 말입니다.

투자 관점에서 원룸형 오피스텔은 수익형 부동산에 가깝습니다. 시세차익보다 현금흐름을 목표로 합니다. 싸게 매입해서 레버리지를 이용한 수익률이 얼마나 나오는지를 따집니다. 하지만 아파텔은 아파트의 대체재로 작용하기도 합니다. 같은 입지라면 가격 부담을 느낀 아파트 매수 수요자가 아파텔을 선택하기 때문입니다. 그래서 핵심지역이고 인근 아파트의 인프라를 공유할 수 있는 곳에 위치한 아파텔은 아파트만큼은 아니어도 상당 부분 시세차익이 있습니다.

투자는 실질로 봐야 합니다. 주상복합이 아파트로 분류되고, 아파텔이 오피스텔로 분류되는 게 중요한 게 아닙니다. 사람들이 이들의 실제 가치를 어떻게 느끼는지가 중요합니다. 나홀로 주상복합은 아파트지만 오피스텔처럼 반응하고, 아파텔은 오피스텔이지만 아파트의 대체재로 기능하는 이유입니다.

Q 주변에 보면 주식보다 부동산으로 돈 벌었다는 사람이 훨씬 많은 것 같습니다. 각각 장단점이 있는 자산일 텐데 왜 부동산 부자가 더 많은 걸까요.

국내 주식시장의 경우 미국이나 다른 선진국만큼 발달을 못한 것은 맞습니다. 코리아 디스카운트라고 하죠. 국내 기업에 대한 평가가 시장에서 제대로 반영되지 않는 면도 있습니다. 하지만 저는 그보다는 부모 세대의 역사적 경험 때문이라고 봅니다. 실제로 삼성전자 주식과 은마아파트의 40년 수익률을 비교해 보면 삼성전자 주식이 압도적으로 높습니다. 하지만 삼성전자 주식으로 대박 난 사람보다 은마아파트로 돈 번 사람이 훨씬 많죠.

우리나라는 짧은 기간에 압축 성장한 나라입니다. 고도성장기에 너도나도 일자리를 찾아 서울에 몰려들면서 주택 수요가 폭발했고, 강남으로 대표되는 신도시가 건설되면서 아파트 문화가 생겼습니다. 경제는 쉼 없이 성장하고 시중에는 엄청난 돈이 도는데, 주택 공급은 부족하니 핵심지 아파트로 자금이 몰리게 되었습니다. 이것이 전세를 활용한 투자수요와 맞물리면서 부동산 가격이 엄청난 폭등을 한 것입니다. 이런 역사적 경험은 사람들의 뇌리에 부동산 불패 신화라는 견고한 믿음을 낳았고, 이것이 다음 세대까지 전해지면서 부동산 투자가 전 국민이 참여하는 게임처럼 되어버린 것입니다. 즉, 주식보다 부동산이 더 좋은 상품이라서가 아니라 다양한 역사적 사건이 맞물리면서 부동산으로 돈을 번 사람이 많이 등장했고, 그런 좋은 기억이 사람들의 머릿속에 남아 있어서 그렇습니다.

Q 변호사님은 부동산 전문 변호사로 일하니까 자연스럽게 부동산 시장을 접할 것 같습니다. 일반인들이 보다 쉽게 부동산을 이해하고 관심을 가질 방법이 있을까요.

제 책을 읽으면 됩니다(웃음). 소송이나 법률 자문 때문에 저희 로펌을 찾는 고객들은 지식과 경험 측면에서 양극화되어 있습니다. 부동산 시장에 대한 이해가 아주 밝거나, 완전 문외한이거나 둘 중 하나입니다. 부동산 사업과 투자를 전문으로 하는 분들, 애초부터 업계 종사자인 분들은 말할 것도 없습니다. 하지만 안타깝게도 사회 초년생, 신혼부부, 청년들일수록 돈이 없으니까 전세로 거주하는 경우가 많은데, 사건 사고도 여기서 많이 터집니다. 보증금을 못 돌려받아서 소송하는 경우는 다반사고, 전세사기범들의 먹잇감이 되거나, 신탁사기, 분양사기, 기획부동산 등등 사건 사고가 많습니다.

그래서 부동산 공부라는 것이 단순히 투자로 돈을 벌고 싶은 사람에게만 필요한 게 아니라, 내 돈과 자산을 지키기 위해서도 필요합니다. 평소 시장에 대한 이해가 밝고 내 집 마련이든 투자든 미리미리 준비하고 공부하는 분들은 사건 사고를 당하지 않고 법률 분쟁도 예방하는 효과가 있습니다. 앞서 부동산은 다른 자산과 달리 필수재이므로 누구나 인생에서 최소 한 번의 의사결정은 필요하다고 했습니다. 나는 주식 투자할 거니까 부동산은 관심 없고, 잘 모른다고 방치하기에는 너무나 중요한 삶의 일부이고 너무나 큰 리스크가 있습니다. 처음에는 낯설고 생소하더라도 용어를 익히며 한 걸음씩 들어 가다 보면 새로운 시야가 트이고, 우리나라의 경제, 문화, 사회는 물론, 사람들의 심리까지 한 번에 이해할 수 있는 것이 부동산입니다. 늦기 전에 반드시 공부해 두시길 바랍니다.

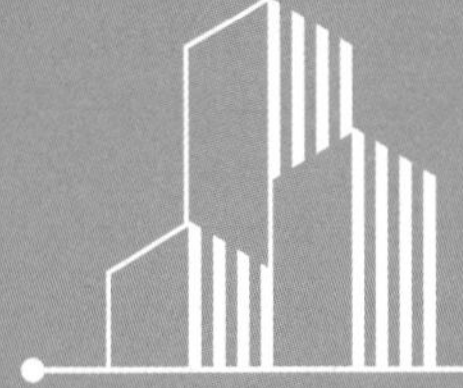

Chapter 03

Real Estate

언제 살 것인가

You Tube

제3장 언제 살 것인가

@wesolve_lawfirm

제3장

언제 살 것인가

지금까지 왜 살 것인지, 무엇을 살 것인지 알아봤습니다. 부동산은 필수재의 특성이 있어 일생에 한 번은 무조건 만나기 때문에, 애써 외면하지 말고 확실히 공부해 두는 것이 좋다고 말씀드렸습니다. 지금부터는 본격적으로 부동산, 특히 아파트에 관한 이야기를 하겠습니다.

프롤로그에서 저는 부동산 잘 사는 법에 관한 질문 중에서 가장 중요한 것은 얼마에 (싸게) 살 것인가라고 말했습니다. 부동산 가격은 고유의 사이클이 있으므로 싸게 산다는 것은 곧 싼 시점에 산다는 것과 같으며, 이는 언제 살 것인가와 연결된다고 했습니다.

이번 장에서는 바로 언제 살 것인가, 바로 부동산 가격 사이클에 관한 이야기를 공유합니다. 부동산 시장은 고유의 주기와 흐름이 있으며, 다양한 데이터를 통해 사이클을 알아낼 수 있습니다. 미래는 누구도 알 수 없지만 인간의 본능은 동일하므로 늘 유사한 패턴으로 진행되기 마련입니다. 패턴을 알면 언제 사야 할지도 알 수 있습니다.

가격 사이클과 패턴을 알아보기 전에 먼저 대전제가 필요합니다. 과연 우리나라의 부동산, 아파트 가격은 앞으로도 계속 오르는가입니다. 만약 장기 우상향에 대한 믿음이 없다면 타이밍을 공부하는 것도 별로 의미가 없기 때문입니다.

아파트 가격 앞으로도 계속 오를까요

부동산에 관한 질문 중에서 가장 많은 질문일 것입니다. 결론부터 말하면 저는 앞으로도 계속 오른다고 생각합니다. 서울 수도권이든 지방이든 사람들이 선호하는 지역이라면 그렇습니다. 사이클에 따라 단기 등락은 있으나 장기적으로 우상향합니다.

복잡한 이유가 있는 게 아닙니다. 자본주의의 내재된 특성 때문입니다. 자본주의 시스템은 계속해서 돈을 찍어내므로 통화량은 팽창할 수밖에 없습니다. 마치 우주가 팽창하는 것처럼 불가역적인 특성입니다. 인플레이션이 생기는 이유죠. 그런데 유독 부동산만 인플레이션에서 자유로울 수 있을까요. 부동산도 실물 자산이므로 절대 그럴 수 없습니다. 짜장면 가격도 오르고 월급도 오르는데 부동산 가격만 안 오를 수 있을까요. 오히려 부동산은 공급 면에서 한계를 가진 자산입니다. 땅을 무한히 늘릴 수 없기 때문이죠. 한계비용이 제로에 가까울 정도로 생산량을 무한히 늘릴 수 있는 상품이 아니고, 의식주 중 하나인 필수재로서 갖는 희소성을 감안하면 가격이 안 오른다는 것은 근거가 없습니다. 부동산이 특별해서 그런

게 아니라 화폐가치가 떨어져서 가격이 오르기 때문입니다.

유동성의 지표인 통화량(M2)

앞서 통화량을 언급했습니다. 흔히 시중에 풀린 돈을 통화량이라고 합니다. 통화량 지표 중에 가장 중요한 것은 광의통화(M2)입니다. 광의통화(M2)는 협의통화(M1)인 본원통화, 요구불예금에 만기 2년 미만의 정기예적금, 금융채 등 금융상품을 더한 겁니다. 쉽게 말해서 당장 쓸 수 있는 돈과 원하면 언제든지 바꿀 수 있는 돈을 더하고, 조만간 풀리는 돈을 더한 것입니다. 흔히 매체에서 말하는 통화량이 바로 M2이며, 시중에 풀린 유동성의 지표입니다. 이것을 통해서 인플레이션을 알 수 있고, 부동산 가격도 이에 반응한다는 것을 알 수 있습니다.

광의통화(M2)와 서울 아파트 가격

구체적으로 살펴보겠습니다. 2006년부터 2023년까지 M2 통화량 지수입니다.

| 그림 1 |

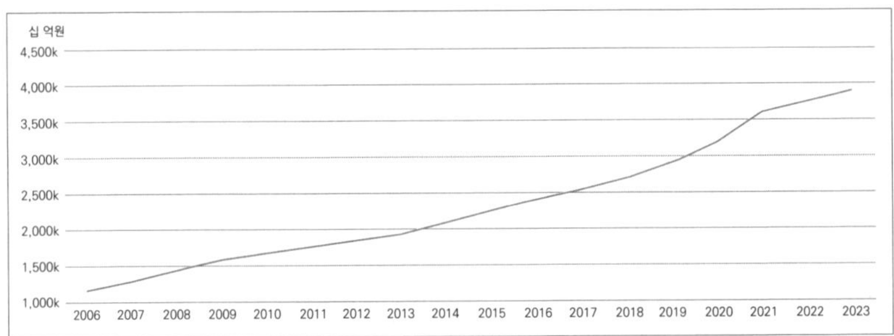

출처: 한국은행 경제통계시스템(M2 상품별 구성내역, 말잔, 원계열)

[그림 1]을 살펴보면 장기 우상향하는 것을 알 수 있습니다. 2006년부터 2023년까지 약 4배 상승했습니다. 시중의 통화량이 4배 늘었다는 뜻입니다. 돈이 4배 많이 풀리면 화폐가치는 4배 줄어들고, 이에 반해 실물(자산) 가치는 4배 늘어나는 것이 당연합니다.

이번에는 서울 아파트 가격지수를 살펴보겠습니다. 2006년부터 2024년까지 데이터입니다.

| 그림 2 |

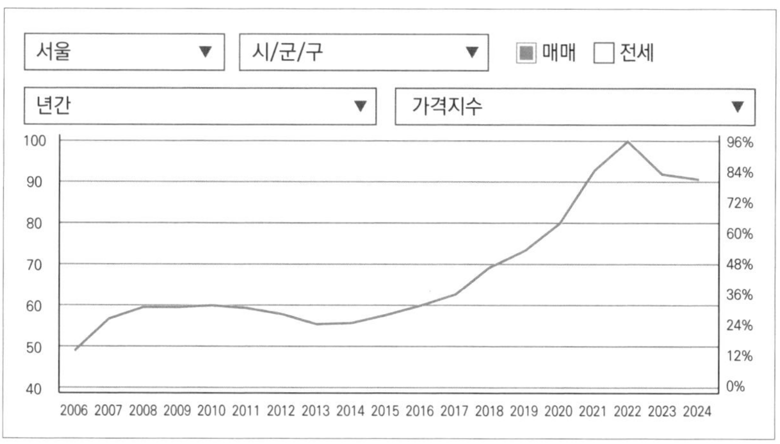

출처: 아실

단기 등락은 있지만 장기적으로 우상향하는 것을 알 수 있습니다. 통화량에도 불구하고 가격이 하락한 기간은 있지만, 시간이 지나면 그것을 회복하여 장기적으로는 평균선에 붙어갑니다. 당연합니다. 왜냐하면 서울 아파트도 하나의 실물 자산이며, 실물 자산은 통화량에서 벗어날 수 없기 때문입니다.

정리하면 부동산 가격, 아파트 가격이 아무리 여러 변수에 영향을 받더라도 장기적으로는 우상향할 수밖에 없습니다. 화폐 금융 시스템에서 통화량 팽창은 불가역적이기 때문입니다. 다시 말하지만, 부동산은 땅이라는 한계까지 가진 인플레이션에서 결코 벗어날 수 없는 대표적인 실물 자산에 해당합니다.

인구 감소, 가구 증가 논쟁에는 공급이 빠져있다.

대한민국은 세계 1위 저출산 국가입니다. 합계 출산율이 0.7 수준입니다. 앞으로 우리나라 인구 감소는 정해진 미래입니다. 그래서 부동산 가격이 떨어진다고 주장하는 사람도 많습니다. 수요가 감소한다는 논리죠. 반대로 인구는 감소하나 가구는 증가하므로 가격이 안 떨어진다고 주장하는 사람도 있습니다.

그런데 저는 인구 감소나 가구 증가 이슈만 가지고 가격을 논하는 것은 동전의 단면만 보는 것이라고 생각합니다. 인구가 감소하든 가구가 증가하든 수요의 영역입니다. 가격은 수요와 공급으로 결정됩니다.

아파트 공급은 대부분 민간 건설사가 담당합니다. 이들은 영리기업이므로 수요를 예측해서 공급량을 조절하기 마련입니다. 뒤에서 자세히 설명하겠지만 수요-공급의 시차로 인해서 주기적으로 공급부족과 공급과잉(미분양)이 번갈아 일어날 뿐이지, 이들 기업이 바보가 아닌 이상, 인구 감소로 절대 수요가 부족해지는 곳에 공급을 계속 늘리지는 않습니다.

다시 말해, 아파트 공급이라는 게 정해져 있다면 인구, 가구 논쟁이 의미가 있을 겁니다. 하지만 애초부터 민간 건설사의 공급이 수요에 맞게 움직이는 점을 감안하면, 단순히 인구가 감소한다고 가격이 내려간다는 건 근거가 약합니다. 특히 사람들이 선호하는 핵심지라면 공급을 하고 싶어도 빈 땅이 없어서 할 수 없으니 더욱 그렇습니다.

일본의 부동산 버블과 비교하는 논리

부동산 가격에 관하여 인구 다음에 항상 따라오는 단어가 있습니다. 바로 일본입니다. 우리나라도 일본의 부동산 버블과 폭락, 잃어버린 30년의 전철을 밟을 것이라고 얘기합니다.

하지만 이런 주장을 하는 사람은 한국과 일본이 다양한 면에서 유사성이 있다는 것을 이유로 마치 부동산 가격도 비슷해질 것이라는 논리로 연결 짓는 것에 불과합니다. 상관관계와 인과관계는 다른 법입니다. 그럼, 일본은 왜 부동산 버블과 폭락, 잃어버린 30년을 맞이했을까요. 시곗바늘을 잠깐 과거로 돌려보겠습니다.

일본은 1980년대 수출로 세계 최고를 꿈꾸던 시절이 있었습니다. 압도적인 가격 경쟁력과 품질을 바탕으로 세계 시장에서 일본 제품이 석권하던 시절입니다. 당시 전 세계 시가총액 10대 기업 안에 6-7개가 일본 기업이었습니다. 일본의 GDP는 미국을 위협할 수준으로 빠르게 쫓아오고 있었습니다. 지금 중국과 비교하면 딱 맞습니다.

그러다 일본은 미국에 의해 한방 맞았습니다. 플라자 합의입니다. 말이 합의지 힘으로 제압당한 불평등 조약과 같습니다. 심각한 무역적자를 겪던 미국이 일본에게 엔화를 절상시키도록 압박한 것입니다. 플라자 합의로 수출이 막힌 일본 정부는 내수 시장에 돈을 풀었고, 막대한 유동성이 자산시장으로 빨려 들어가서 버블이 생겼습니다. 정부에서 부동산 버블을 제대로 대응하지 못하고 수급 조절에 실패한 것도 하나의 원인입니다. IT, 반도체 분야 기업의 혁신도 더뎠던 것이 사실입니다. 지진과 쓰나미 같은 자연재해를 연타로 맞으면서 운도 따라주지 않았습니다.

그럼 우리나라가 과연 일본처럼 될까요. 우리나라는 당시 일본과 같은 막대한 유동성 충격이 있을 수 없습니다. 최근 한국의 위상이 높아졌고 앞으로 더 높아진다고 하더라도 당시의 일본이나 지금의 중국처럼 규모나 경제력 면에서 미국을 위협할 수준은 아니기 때문에, 플라자 합의와 같은 블랙스완이 있기도 어렵습니다. 당시 일본의 부채는 기업 위주였고, 현재 문제 되는 우리나라의 부채는 가계 부채라는 차이점도 있습니다. 특히 일본에 대한 학습효과가 있어서 가계든 기업이든 버블에 대해 더욱 조심스럽게 움직이는 점을 감안하면, 막연히 일본과 가깝고 비슷하다는 이유로 일본을 따라간다는 건 근거가 없습니다.

장기 우상향과 지역 간 격차를 분리하자.

그렇다면 우리나라에 있는 모든 부동산, 모든 아파트가 똑같이 오를까요. 당연히 아닙니다. 오히려 서울 수도권은 물론이고 지방의 경우에도 핵심지의 아파트 가격은 그 외 지역과의 격차가 벌어질 가능성이 높습니다. 왜냐하면 사람들이 선호하는 곳은 늘 비슷하고, 우선순위 원리가 작용하기 때문입니다. 장기 우상향을 한다는 믿음 때문에 부동산은 어떤 시기이든, 어떤 지역이든, 어떤 물건이든 상관없이 사 놓기만 하면 오른다고 오해하지 마시기 바랍니다. 그렇다면 이 책은 물론이고 다른 부동산 공부도 할 필요가 없습니다.

이를 위해 몇 가지 데이터를 살펴볼 필요가 있습니다. 우리나라 주거 형태의 특징과 필수재이자 투자재인 부동산의 이중적 성격을 알 수 있는 데이터입니다. 아래 데이터를 참고해서 거시경제 지표로서 부동산을 먼저 이해해야 합니다.

집은 충분한데 내 집이 없는 이유(주택보급률, 자가보유율, 자가점유율)

사방을 둘러보면 다 집인데 왜 내 집은 없을까요. 나만 그럴까요. 우리나라 국민 전체로 보면 사정이 어떨까요. 이를 확인하는 데이터가 바로 주택보급률과 자가보유율, 자가점유율입니다.

내 주변 몇몇 사람들이 어떻게 사는가로 성급하게 일반화하지 말고, 뉴스나 신문에 등장하는 자극적인 기사에도 낚이지 말기 바랍니다. 항상 데이터를 읽고 그것을 정직하게 해석하는 버릇을 들여야 진실을 제대로 볼 수 있습니다.

(1) 주택보급률

주택보급률이란 우리나라 가구에 비해서 주택이 얼마나 부족한지 살펴보는 데이터입니다. 일반 가구 수 대비 주택 수의 백분율로 산정합니다. 주택 수는 인구 주택 총조사 결과를 바탕으로 하며 빈집을 포함한 숫자입니다. 가구 수는 1인 가구를 포함합니다. 계산식은 아래와 같습니다.

$$\text{주택보급률} = \frac{\text{주택 수}}{\text{일반 가구 수}} \times 100$$

(2) 집은 충분하다는 논리의 허점

그렇다면 우리나라의 주택보급률은 어떨까요?

| 그림 3 |

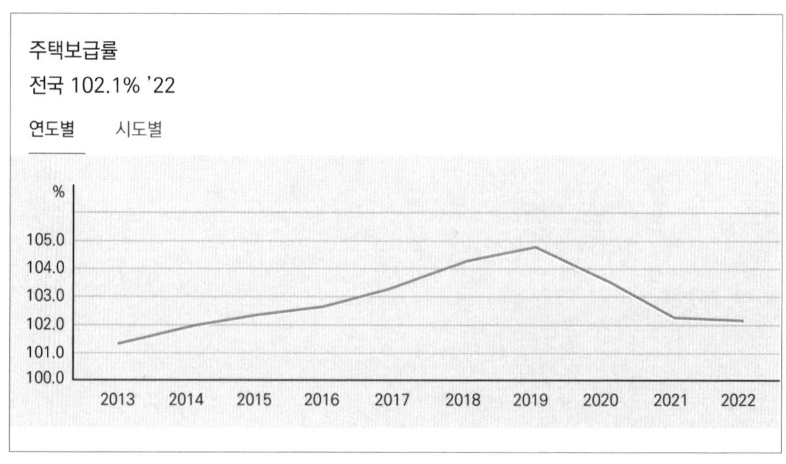

출처: KOSIS(국토교통부, 주택보급률)

2022년 기준으로 102.1%입니다. 과거 10년 치를 보더라도 100%가 넘습니다. 1가구당 1채씩 돌아간다는 얘기입니다. 그런데 왜 주택이 부족하다고 난리일까요? 앞서 언급한 대로 주택에는 사람들이 선호하는 아파트뿐만 아니라, 연립주택, 단독주택, 시골의 빈 집도 포함되기 때문입니다.

이번에는 시도별로 나눠보겠습니다. 아무래도 서울이 사람이 많으니까 집이 부족할까요?

| 그림 4 |

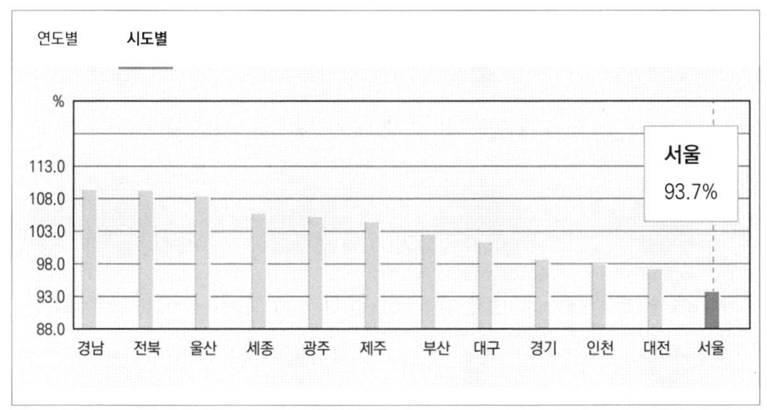

출처: KOSIS

서울이 다른 도시에 비해 주택보급률이 가장 낮은 것은 맞습니다. 하지만 낮다고 해도 무려 93.7%입니다. 서울도 10가구 중에서 9가구 이상은 집이 돌아간다는 얘기입니다. 다른 지역과 유의미한 차이가 있다고 보기는 어렵습니다. 심지어 지방은 100%를 넘는 곳도 많습니다.

(3) 주택보급률의 한계

이렇게 대한민국도 서울도 양적으로는 주택이 충분합니다. 집 자체가 부족하다고 보기 어렵죠. 앞서 인구가 감소하므로 부동산 가격도 하락할 거라고 단정하는 사람 중에는 주택보급률을 근거로 드는 사람도 있습니다. 남는 주택이 이렇게 많은데 어떻게 다 소화할 거냐는 논리입니다. 과연 그럴까요. 그런데 왜 내 집 마련은 이렇게 힘들까요? 두 가지 이유를 들 수 있습니다.

첫째, 사람들이 선호하는 지역, 아파트는 경쟁이 붙기 때문입니다. 일자리가 특정 지역에만 몰려 있고 교통이 편하고 학군이 좋은 곳, 살기 좋은 곳은 너도나도 비슷하니 아무리 주택 수가 많아도 사람들은 고르게 분포되지 않습니다.

집이 부족하다고 하소연하는 국민에게 정부에서 주택보급률 자료를 들이대며 집은 충분하다고 항변할 수는 없겠지요. 집이 부족하다는 말에는 살만한 지역에 좋은 집이 부족하다는 단어가 빠져있고, 말 안 해도 그것을 알고 있기 때문입니다.

둘째, 주택보급률은 주택의 배분 상태를 나타내지 않기 때문입니다. 100명이 100채를 가지든, 1명이 100채를 가지든 주택보급률은 똑같습니다. 그래서 주택의 배분 상태를 보려면 자가보유율과 자가점유율을 봐야 합니다.

(4) 자가보유율과 자가점유율

| 그림 5 |

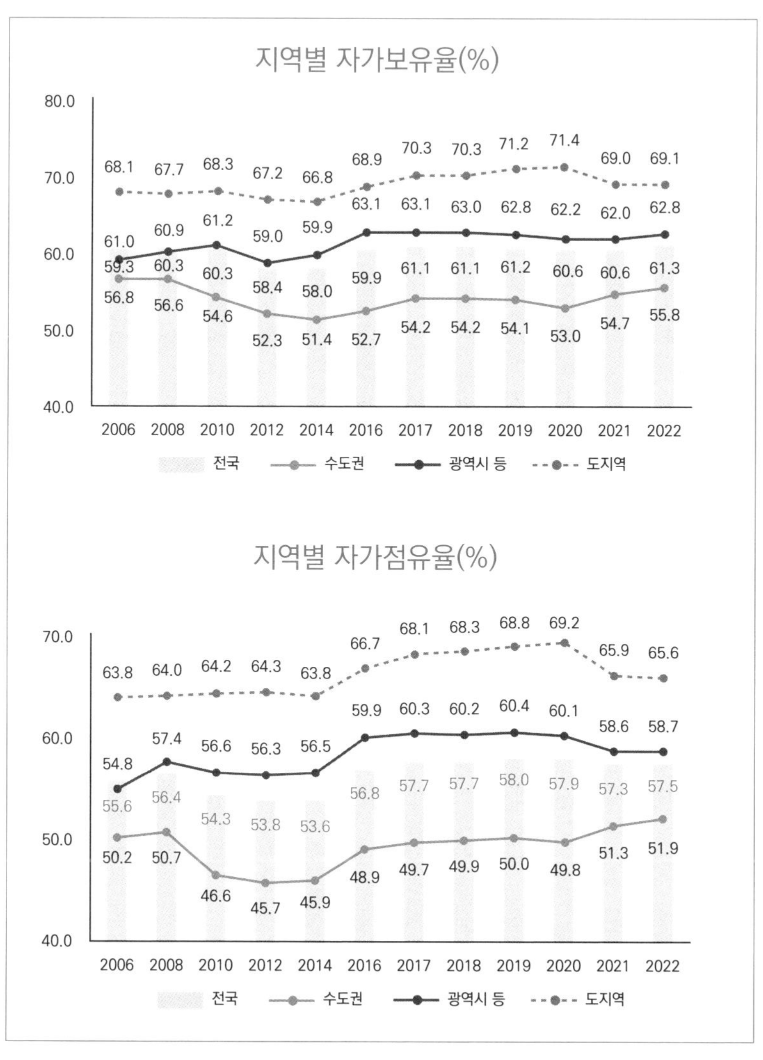

출처: 국토교통부 22년도 주거실태조사

자가보유율이란 자신이 보유한 주택의 비율입니다. 거주 여부와는 무관합니다. 2022년 기준 전국 자가보유율은 61.3%, 수도권 자가보유율은 55.8% 수준입니다. 10가구 중에서 5-6가구가 자신의 집을 갖고 있다는 뜻입니다. 4가구는 자기 집이 없습니다. 앞서 주택보급률 100%에 비하면 낮은 수준입니다.

자가점유율은 자신이 소유한 주택에서 자신이 직접 살고 있는 비율을 뜻합니다. 임대를 놓는 게 아니라 실 거주하는 집이라는 뜻입니다. 2022년 기준 전국 자가점유율은 57.5%, 수도권 자가점유율은 51.9%입니다. 10명 중에서 5-6명만 실 거주 집을 갖고 있으며, 나머지는 임대로 거주하고 있다는 뜻입니다. 자가보유율보다 낮습니다. 소유는 했지만 거주는 안 하고, 투자와 거주를 분리해서 바라본다는 뜻입니다. 부동산의 투자재로서의 성격을 보여주는 것입니다.

(5) 서울 수도권과 지방의 차이

자가보유율과 자가점유율 모두 서울 수도권이 지방에 비해서 낮습니다. 앞서 주택보급률에 비해서는 의미 있는 지역 간 차이라고 볼 수 있습니다. 서울 수도권은 일자리 때문에 거주 수요는 풍부하나, 지방에 비해 가격이 비싸서 자가 보유가 힘들고 임대의 비중이 높다는 뜻입니다. 또한 서울 수도권은 가격 상승의 기대감이 커서 외지인 투자 비중이 높고 투자수요가 풍부하므로 반드시 거주하지 않아도 투자 목적으로 보유하려는 경향이 더 강하다고 볼 수 있습니다.

대한민국 부동산 시장의 특성

지금까지 주택보급률, 자가보유율, 자가점유율 통계를 알아봤습니다. 이를 통해 대한민국 부동산 시장의 특성을 몇 가지 알 수 있습니다. 우선, 전체 가구 수 대비 주택 수의 절대 규모는 부족하지 않지만, 사람들이 선호하는 입지, 아파트 쏠림 현상이 심하다는 것입니다. 서울 수도권으로 갈수록 투자와 거주가 분리되는 현상이 강하며, 다주택자 비율이 높고, 심지어 1주택자도 반드시 거주하지 않아도 투자 목적으로 부동산을 보유하려고 한다는 것입니다.

요컨대, 거주는 편한 곳에 하더라도 보유는 선호 입지에 하는 까닭에 부동산 수요 및 입지에도 우선순위 원리가 작용합니다. 우리나라 사람들은 부동산을 부를 증식하는 투자 수단으로 생각하는 경향이 크다는 것입니다. 앞서 언급한 것처럼, 핵심지와 그 외 지역 간의 가격 차가 앞으로 벌어질 가능성이 높은 이유이기도 합니다. 이는 아파트라는 상품과 전세 거래의 특성, 부모 세대의 역사적 경험과도 맞물려 여타 외국과는 다른 경향이기도 합니다.

우선순위 원리에 따른 지역 간 격차

최근 의대 정원이 늘었습니다. 학생 수는 감소하는데 의대 정원이 늘면 예전보다 의대 진학은 쉬워질까요? 오히려 의대 진학을 목표로 하는 수험생은 더 많이 늘었습니다. 과거에는 의대를 꿈꾸지 않았던 학생들도 의사가 되는 새로운 꿈을 꾸고 도전에 합류합니다. 의대 정원이 늘거나 학생

숫자가 줄어든다고 해서 의대 가는 게 쉬운 것은 아닙니다.

부동산도 마찬가지입니다. 좋은 입지는 한정적입니다. 사람들이 선호하는 핵심지는 전체 인구가 줄거나 수요가 줄어도 영향을 받지 않습니다. 그곳부터 먼저 들어갑니다. 그래서 아무리 주택보급률이 높고 공급이 많아도, 핵심지의 아파트 가격은 물가상승률 이상으로 오를 수밖에 없는 것입니다. 부동산 가격에도 우선순위 원리가 작용한다는 점을 꼭 기억하시기 바랍니다.

부동산 가격의 이중 구조(매매가, 전세가)

앞에서 사람들이 선호하는 핵심지라면 부동산 가격은 화폐 인플레이션에 따라 장기 우상향할 것이라고 말씀드렸습니다. 하지만 단기적으로는 등락이 있는 것은 당연합니다. 파동이 있기 때문에 가격 사이클을 알아야 하고 언제 살 것인지에 관한 공부도 필요한 것이죠. 지금부터는 본격적으로 부동산 가격 사이클에 대해 알아봅니다. 가격 사이클을 제대로 이해하기 위해서 먼저 부동산 가격에는 두 가지 지표가 있다는 것을 알아야 합니다.

부동산 거래는 매매 또는 임대가 있습니다. 내 집에서 살거나 남의 집에서 살거나 둘 중 하나는 해야 합니다. 그래서 부동산 가격을 볼 때는 매매가격과 전세가격을 함께 봐야 합니다. 월세도 있지만 월세는 전세의 대체재 성격이 강하므로, 가격 지표로서 전세가격을 보는 것이 정확합니다. 앞서 언급한 것처럼 전세는 우리나라에 고유한 거래 방식입니다. 미리 얘기하면 전세가격은 매매가격의 추이와 부동산 시장 흐름을 보는 데 매우 중요한 지표입니다.

(1) 매매가격과 전세가격의 특징

매매가격에는 실수요와 투자수요가 함께 반영됩니다. 전세가격은 100% 실수요만 반영됩니다. 전세를 투자로 접근하는 사람은 없으니까요. 매매가격은 장기 우상향하더라도 투자수요가 몰리거나 빠지는 시기에 따라 파동을 그리며 등락이 있습니다. 투자재로서 주식과 비슷합니다. 그런데 전세가격에는 투자수요가 없으므로 대체로 완만하게 물가상승률과 비슷하게 오릅니다. 구체적인 이유를 살펴보겠습니다.

(2) 매매가격의 변동성

부동산은 필수재이자 투자재로서 성격을 동시에 갖고 있습니다. 주식과는 다르죠. 주식은 투자재로서의 성격만 있습니다. 사고 싶으면 사고, 사기 싫으면 안 사도 됩니다. 하지만 부동산은 다릅니다. 거주할 집은 반드시 필요합니다. 투자 목적이 아니라도 내 집 마련을 위한 실수요가 같이 있습니다. 그래서 어디까지가 실수요에 따른 가격 변화이고, 어디서부터 투자수요에 따른 가격 변화인지 쉽게 가늠하기 어렵습니다.

하지만 전세가격과 비교하면 투자수요가 있는 것은 분명합니다. 그래서 전세가에 비해서 매매가는 파동이 있는 것입니다. 이 중에서 가격 변동성을 키우는 것은 실수요보다 투자수요입니다. 실수요는 매년 큰 변화가 있기는 어렵습니다. 거주 목적으로 아파트가 필요한 실수요란 학업, 직장, 결혼, 분가 등 생애 주기상 항상 일정한 수준을 유지하기 때문입니다.

하지만 투자수요는 그렇지 않습니다. 미래 가격 전망에 따라 움직이기 때문입니다. 가격이 오르기 시작하면 투자수요는 더 늘어나고, 가격이 내리기 시작하면 투자수요는 일시에 빠집니다. 투자수요는 가격 예측과 방향성에 따라 몰릴 때 더 몰리고 빠질 때 더 빠지는 특징이 있어 가격 변동성을 키우는 것입니다. 매매가격이 장기적으로는 결국 우상향하지만 단기적으로 등락이 심한 이유입니다. 정리하면 부동산 매매가격이 전세가격과 다르게 변동성이 큰 이유는 바로 투자수요가 있기 때문입니다.

(3) 전세가격의 안정성

이에 반해 전세가격은 매매가격에 비해 훨씬 안정적인 특성이 있습니다. 투자수요가 있을 수 없기 때문입니다. 전세를 투자로 거래하는 사람은 없죠. 그래서 전세가격은 대체로 물가상승률에 비례해서 완만하게 오릅니다. 물론 필수재로서의 부동산 특성상, 매매 또는 전세(월세) 중 하나를 선택해야 하므로, 가격 전망이 어두울 때는 사람들이 매매 대신 전세를 선택하기 때문에 전세가가 빠르게 오르기도 합니다. 하지만 이 또한 실수요자들이 매매 대신 전세를 선택하는 것이지, 투자수요와는 무관하므로 전세가격이 매매가격처럼 급등하지는 않습니다.

(4) 전세가격이 내려가는 경우는 없는가

그렇다면 투자수요가 없는 전세가격은 절대 떨어지는 일이 없을까요. 그렇지는 않습니다. 가격은 수요와 공급으로 이뤄지기 때문입니다. 특히 전세가격은 수요보다 공급물량에 쉽게 반응합니다. 지역적으로 신규 아파트 입주 물량이 대량으로 풀리면 공급이 늘면서 가격이 일시 하락합니다. 규모가 작은 지방일수록 더 그렇습니다.

하지만 대체로 사람들이 선호하는 입지라면 일정 시간이 지난 후 가격은 다시 회복하기 마련입니다. 입주장에서 일시 전세가가 하락했지만, 2년 또는 4년의 계약 기간이 끝난 후, 눌려있던 전세가격이 인근 시세와 보조를 맞추며 다시 오르고, 길게 보면 물가상승률과 함께 장기 평균선에 수렴하면서 완만하게 오르는 경향이 있습니다.

(5) 전세가격도 급등, 급락하는 경우는 없는가

대체로 전세가격은 매매처럼 급등, 급락하는 경우는 없습니다. 가격의 변동성을 키우는 것은 실수요보다 투자수요이기 때문입니다. 언급한 것처럼 전세가격에는 실수요만 반영되기 때문이죠. 하지만 가격은 수요와 공급으로 이뤄지므로, 수요는 안정적이라도 공급이 급격히 변할 경우 아주 예외적이지만 급등하기도 합니다.

공급은 크게 두 가지로 나눠볼 수 있습니다. 첫째, 건설사가 공급하는 분양 물량이고, 둘째, 임대인이 시장에 내놓는 임대 물량입니다. 전자의 경우 인허가, 착공물량과 같은 선행지표로 예상 가능하므로 정부의 대책이 들어올 수밖에 없습니다. 이때는 공급부족으로 지역 전체의 전세가격이 오르긴 하지만, 대체로 시간이 걸리고 그동안 정책이 범퍼 역할을 하므로 급등이라고 표현하기는 어렵습니다.

문제는 후자입니다. 시장에서 임대 물량이 갑자기 사라지면 예외적으로 전세가격은 급등합니다. 급등하면 반드시 급락한다는 것이 더 문제입니다. 역전세, 깡통전세로 사회문제가 되기 때문이죠.

2020년 여름, 임대차 3법이 통과됐습니다. 임대차 3법은 소위 2+2 계약갱신요구권과 갱신 시 차임에 5% 상한이 있는 것이 핵심입니다. 저희 로펌에도 이것 때문에 상담받는 분이 엄청 많았습니다.

문제는 무엇일까요. 임대인은 전세금이 받쳐줘야 투자금이 적게 들고 2년 후 전세금 상승분을 현금흐름으로 생각합니다. 그런데 법 통과로 4년간 전세금이 묶일 것을 염려한 임대인들이 시장에서 갑자기 매물을 거둬들였습니다. 수요는 일정한데 공급이 급감하자 전세가격이 급등한 것입니다. 급등하는 바람에 1-2년 후 급락하였고 역전세, 깡통전세로 난리가 난 것입니다. 이렇게 시장에 충격이 있을 경우, 전세가도 급등, 급락을 하긴 합니다.

하지만 전세가격을 판단함에 있어 이런 경우는 어디까지나 예외임을 알아야 합니다. 다시 한번 정리하면 전세가격은 공급 면에서 블랙스완이 없다면 다른 상품과 비슷하게 물가상승률에 비례해 안정적으로 상승하는 경향이 있습니다. 이것을 유념해야 하는 이유는 바로 아래에서 설명할 부동산 매매가의 방향이 전세가의 방향과 연관되어 있기 때문입니다.

매매가 및 전세가 방향에 따른 부동산 가격 사이클

위에서 매매가격과 전세가격의 특징과 차이점에 대해 알아봤습니다. 두 가격의 관계를 이해하면 부동산 가격 사이클에서 어느 시점에 와 있는지 알 수 있습니다. 언제 살 것인지 판단할 수 있다는 뜻입니다.

부동산 필수재이므로 매매 아니면 전세로 거주해야 합니다. 실수요자 입장에서 둘 중 하나는 선택해야 합니다. 투자자 입장에서도 전세금을 레버리지로 활용하기 때문에, 매매가격과 전세가격의 관련성이 강한 것입니다. 전세가격은 매매가격의 하방지지선 역할을 하기도 합니다. 매매가가 아무리 떨어져도 전세가 밑으로는 떨어지기 어렵다는 뜻입니다. 이러한 특성 때문에 매매가와 전세가는 서로 영향을 주고받으며 가격 사이클을 판단하는 지표가 됩니다. 아래에서 자세히 살펴보겠습니다.

(1) 매매가 정체/하락, 전세가 정체(1구간)

사람들이 부동산에 관심 없는 시기부터 시작합니다. 편의상 1구간으로 정합니다. 매매가와 전세가가 함께 정체되거나 하락할 때는 아무도 집을 사지 않습니다. 거래량도 낮습니다. 이런 구간이 얼마나 계속될지는 알 수는 없습니다. 하지만 통화량에 따른 인플레이션을 감안하면, 시간이 오래될수록 반등도 가까워집니다. 명목가격은 그대로지만 인플레이션을 고려하면 소득이나 물가 대비 싸다고 평가되는 시점이 온다는 뜻입니다. 정부에서 부동산 경기 활성화를 위해 대출이나 세금 규제를 푸는 시점도 옵니다. 그 시점이 올 때까지 차분히 기다리는 구간입니다. 곧 신규 공급이 부족한 지역부터 전세가가 상승하기 시작하며 아래 2구간으로 넘어갑니다.

(2) 매매가 정체/하락, 전세가 상승(2구간)

여전히 가격 하락 전망이 우세해서 매매보다 임차수요가 많은 때입니다. 1구간에서 오랫동안 하락을 겪었기 때문에 부동산에 관심 있는 사람이 아직 별로 없습니다. 집은 사는 게(buy) 아니라 사는 곳(live)이라는 썰이 돌아다닙니다. 전세가율은 차츰 오르지만 투자에 관심 있는 사람만 유심히 지켜봅니다.

물론 계속 이렇게 가지는 않습니다. 어느 순간이 되면 매매가격도 전세와 같은 방향으로 전환됩니다. 매매와 전세의 가격 차이가 좁혀지기 때문입니다. 이때부터 전세가격이 매매가격을 밀어 올리게 되는 3구간으로 진입합니다.

(3) 매매가 상승, 전세가 상승(3구간)

매매가가 방향을 틀었습니다. 여기서는 시간이 얼마나 되었는지가 중요합니다. 최근에 방향을 틀었다면 집 사기 좋은 시기입니다. 전세수요가 매매수요로 전환되는 초기이기 때문입니다. 하지만 매매가 상승이 오래되었다면 위험합니다. 곧 전세가부터 정체하고 매매가도 함께 정체 또는 하락하기 때문입니다.

이 둘을 어떻게 구별할까요? 바로 전세가율에 답이 있습니다. 첫 번째는 전세가율이 높은 시기이고, 두 번째는 전세가율이 낮은 시기입니다. 둘 다 매매, 전세가격의 방향은 같지만, 매매-전세가격 차, 갭의 크기가 다릅니다. 첫 번째에 해당한다면 언제 살 것인가의 관점에서 집을 사기 좋은 구간입니다. 자세한 것은 제4장 얼마에 살 것인가에서 다시 한번 설명하겠습니다.

(4) 매매가 상승, 전세가 정체(4구간)

마지막 불꽃같은 폭등기입니다. 매매가 상승이 오래되었을 때 나타납니다. 실수요보다 투자수요가 많고 거품이 있는 상태입니다. 전세가율은 낮습니다. 비싼 가격을 감당할 유효수요가 부족합니다. 매도물량 감소로 공급은 줄어들고 거래량도 감소합니다. 몇 건 안 되는 거래가 최고가를 찍지만, 곧 폭락을 예정하고 있습니다. 분양시장이 뜨거워지고 가격 상승의 기대감은 재건축, 재개발로 옮겨붙으며, 인기 없던 나홀로 아파트, 주상복합까지 오릅니다. 평소 부동산에 관심 없는 이들까지 영끌, 빚투, 패닉 바잉하는 시기입니다. 무슨 말일까요? 집을 사면 안 되는 구간입니다. 상승장의 막바지는 늘 폭등장입니다.

거래량과 가격에 따른 부동산 가격 사이클(벌집순환모형)

부동산 가격 사이클을 판단하는 기준은 여러 가지가 있습니다. 앞서 매매-전세가격 변화를 기준으로 분석해 봤습니다. 이번에는 거래량으로 순환주기를 분석하는 모델인 <벌집순환모형>에 대해 알아봅니다.

벌집순환모형(Honeycomb Cycle)이란 거래량과 가격 그래프를 통해서, 현재 부동산 시장이 순환 주기상 어디에 있는지를 판단하는 모형입니다. 네덜란드의 얀센(Janssen)이 1994년 처음 소개했다고 알려져 있습니다. 가로축은 거래량, 세로축은 가격입니다. 시계 반대 방향으로 회전합니다.

| 그림 6 | **벌집순환모형 6단계**

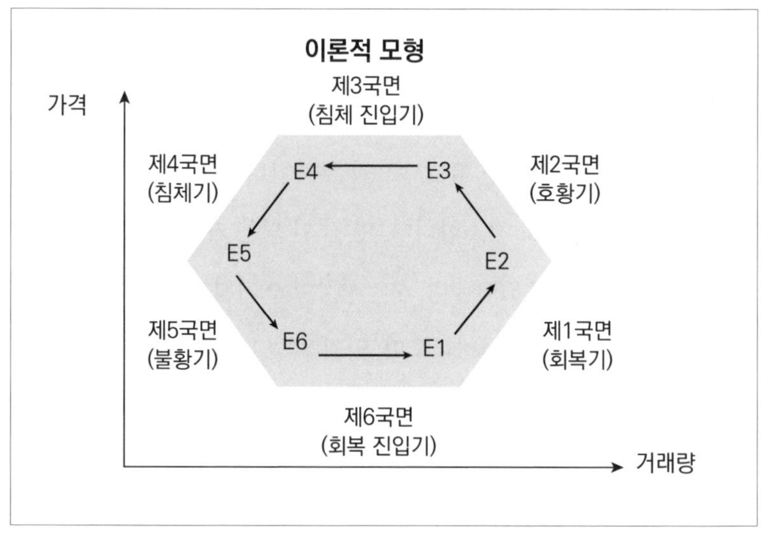

(1) 제5국면(불황기)

마찬가지로 사람들이 관심 없는 시기부터 시작합니다. 전형적인 불황기입니다. 침체가 시작된 지는 꽤 되었지만, 여전히 시장 회복이 안 되는 상황입니다. 건설사가 분양을 연기하고 거래량도 아직 확실히 회복되지 않습니다. 다만, 제4국면 침체기에 비해서는 미뤘던 거래가 이뤄지면서 거래량은 살짝 반등합니다. 매매가격은 여전히 하락하고 전세가는 정체되는 구간입니다.

(2) 제6국면(회복 진입기)

회복 진입기입니다. 매매가격은 바닥을 찍고 정체되지만 전세가부터 회복됩니다. 거래량도 확연히 늘기 시작합니다. 오랜 침체기, 불황기를 거치면서 건설사가 신규 분양을 연기하여 공급물량도 부족합니다. 부족한 공급물량은 전세가를 밀어 올리면서 곧 제1국면으로 넘어갑니다. 현금이 많은 투자자나 시장에 밝은 투자자는 투자 시점을 저울질하기 시작합니다.

(3) 제1국면(회복기)

회복기입니다. 전세가가 매매가를 밀어 올리고 매매가격과 거래량이 동시 상승하는 구간입니다. 매매-전세가격 차는 더욱 좁혀져 투자하기 좋은 환경이 조성됩니다. 가격 상승에 대한 기대감으로 수요가 풍부해 거래량이 늡니다. 건설사가 분양 계획을 잡으면서 공급을 늘리기 시작합니다. 시장이 안정적으로 회복하기 때문에 아직 정부에서 풀었던 규제를 그대로 둡니다. 내 집 마련이든 투자든 언제 살 것인가의 관점에서 집을 사기 좋은 구간입니다.

(4) 제2국면(호황기)

호황기입니다. 너도나도 부동산에 관심 있는 시기입니다. 매매가는 정점을 찍습니다. 높은 매매가를 받쳐줄 유효수요는 없는데, 집주인은 가격 상승에 대한 기대감으로 호가를 안 내리기 때문에 거래량은 줄어듭니다. 시장이 과열되면서 전세가에 비해 매매가가 훨씬 높아지고 거품이 있는 구간입니다. 투자자는 매도를 계획합니다. 반면 실수요자는 가격이 오랫동안 올랐다는 것을 확인했기 때문에 뒤늦게 뛰어드는 시기입니다. 정부는 강력한 규제를 발표하고, 영끌, 빚투가 늘어납니다.

(5) 제3국면(침체 진입기)

가격은 정점을 찍었으나 더 이상 거래가 되지 않습니다. 거래량이 급감하고 매도자는 지난 호황기에 대한 아쉬움에 가격을 내리지 않고 관망하는 때입니다. 가격을 낮추어 내놓는 매도물량이 없으니 가격은 아직 하락하지는 않습니다. 지난 호황기에 분양한 아파트에 입주가 늘면서, 공급이 많은 지역의 전세가부터 하락 또는 조정을 받습니다. 상승장에서 하락장으로 가는 중간 단계로서 조정장에 해당합니다. 가격도 일관성이 없고 들쭉날쭉합니다. 곧 매매가도 하락을 예정하고 있습니다.

(6) 제4국면(침체기)

매매 전세 모두 하락하기 시작합니다. 버티던 매도자들이 가격을 내려서 물량을 내놓습니다. 신규 공급물량도 쌓이지만, 매수 심리가 낮아 거래가 잘 되지 않습니다. 지역에 따라 미분양도 발생합니다. 거품이 빠지면서 전세가보다 매매가가 더 빠르게 떨어지고 역전세가 발생하기도 합니다. 여기서 시간이 더 지나면 가격은 하락하지만 거래량은 살짝 반등하는 제5국면 불황기로 다시 넘어갑니다.

지금까지 벌집순환모형의 주기를 살펴봤습니다. 앞서 매매-전세가격 사이클과도 연관되는 것을 알 수 있을 겁니다. 결국 부동산 가격은 고유의 사이클이 존재하며, 매매가격, 전세가격, 거래량이 상호 작용한다는 것을 알 수 있습니다.

환금성에 따른 부동산 가격 사이클

부동산 가격 주기를 환금성에 따라 살펴볼 수도 있습니다. 환금성이란 자산을 현금화할 수 있는 가능성을 의미합니다. 쉽게 말해서 내가 팔고 싶을 때 얼마나 빠르고 쉽게 팔 수 있는지를 나타냅니다. 자산별로 환금성이 다르기도 하지만 부동산 안에서도 환금성이 다릅니다. 이러한 환금성의 차이 때문에 환금성도 부동산 가격 사이클을 판단하는 하나의 기준이 됩니다.

우선 다른 자산과 비교하면 부동산은 환금성이 낮습니다. 거래비용이 많이 들고, 가격도 비싸기 때문입니다. 그래서 시중에 돈이 풀리고 유동성이 풍부해지면 자금은 부동산보다 주식시장에 먼저 들어갑니다. 코로나 때 막대한 돈이 풀리자 주가가 단숨에 3,000포인트를 찍었고, 이후 전국적인 부동산 폭등장이 펼쳐진 것을 기억하실 겁니다.

부동산 안에서도 환금성의 차이가 있습니다. 아파트는 가장 환금성이 좋습니다. 앞서 얘기한 필수재의 특성이 있기도 하고 표준화된 상품이기 때문입니다. 아파트 중에서도 같은 입지라면 신축, 준신축, 구축 아파트 순으로 환금성이 좋습니다. 재건축 아파트는 그다음 순입니다. 재건축 아파트는 실거주가 불편하고 투자재로서의 성격이 강해서 가격 상승이 오래되고 투자 수요가 풍부할 때 거래가 잘 됩니다. 아파트 중에서는 나홀로 아파트, 주상복합, 대형 아파트가 환금성에 가장 불리합니다. 비 아파트에 해당하는 원룸형 오피스텔, 빌라까지 가격이 올랐다면 가격 사이클상 정점일 가능성이 높습니다.

이렇게 부동산별로 환금성의 차이가 있다는 것을 이해하면, 향후 부동산 가격이 어떻게 움직일지 알 수 있습니다. 물론 입지라는 변수는 고정해야겠지요. 같은 입지 또는 같은 수준의 입지를 전제하고, 물건에 대한 환금성을 고려하면 그렇습니다.

입지에 따른 부동산 가격 사이클

반대로 같은 아파트라도 입지에 따른 가격 사이클도 있습니다. 주의할 것은 권역별로 살펴봐야 한다는 것입니다. 서울 수도권은 같은 생활권이므로 그 안에서 고유의 사이클이 있습니다. 지방도 각각의 권역별로 사이클이 존재합니다. 서울 수도권과 지방의 가격 주기는 동일선상에서 비교하기 어렵습니다. IMF, 금융위기, 코로나 같은 거시경제 변수가 있거나 금리, 정책에 따라 시기별로 동조화 현상이 일어나기도 하지만, 기본적으로 서울 수도권과 지방은 수요와 공급의 차이로 인해서 각각의 사이클이 존재합니다.

서울 수도권은 당연히 강남, 서초 아파트가 먼저 반응합니다. 다음으로 송파, 마포, 용산, 성동으로 넘어갑니다. 경기도에서는 과천이 먼저 반응하고, 판교, 분당이 반응하며, 광교, 수지, 동탄으로 반응합니다.

사람들이 선호하는 입지 순서대로 가격이 움직이고 나면, 서울 또는 경기권의 중윗값에 해당하는 지역도 순차로 오르며, 대세 상승장으로 이어집니다. 상승장의 막바지에는 폭등장이 연출됩니다. 이때는 비선호지역, 평소 사람들이 관심 없거나 오랫동안 가격이 안 오른 지역까지 다 같이 오릅니다.

이렇게 한 사이클을 돌고 나면 가격이 하락하는데, 하락할 때는 입지와 무관하게 일시에 하락합니다. 하락기가 지속되면 이른바 똘똘한 한 채에 집중하는 분위기가 형성되며, 강남, 서초 아파트부터 다시 반등하기 시작합니다. 들쭉날쭉한 조정장을 거쳐, 다시 상승기에 접어들면 위에서 말한 순서대로 다시 하나의 사이클이 시작되는 것입니다. 이렇듯 입지에 따른 가격 주기를 이해하면, 현재 어느 시점인지, 앞으로 어떻게 될 것인지 알 수 있습니다. 다시 말해, 내가 목표하는 지역을 언제 살 것인지 결정할 수 있다는 뜻입니다.

투자 심리에 따른 가격 사이클(하이먼 민스키 모델)

사람들의 투자 심리에 따른 사이클을 알아볼 수도 있습니다. 이는 부동산뿐만 아니라 주식을 비롯한 다른 투자 상품에도 공통됩니다. 왜 그럴까요? 역사는 발전하지만, 인간의 본성은 변하지 않기 때문입니다. 돈을 벌고자 하는 욕망, 탐욕, 부추김, 공포, 좌절도 매번 반복됩니다. 일찍이 영국의 투자가 존 템플턴(John Templeton)은 "이번에는 다르다고 하는 것이 가장 값비싼 대가다"라고 말하기도 했습니다.

이를 단계적으로 밝힌 학자가 있습니다. 미국의 경제학자 하이먼 민스키(Hyman Minsky)입니다. 그는 자신의 이름을 딴 하이먼 민스키 모델을 만들었습니다. 이 모델에 따르면 현명한 투자자, 기관 투자자, 대중 순서로 투자에 참여합니다. 그리고 자산 가격이 이륙하면서부터 좌절하고 정상화에 이르기까지 단계적 과정을 밝히고 있습니다.

| 그림 7 |

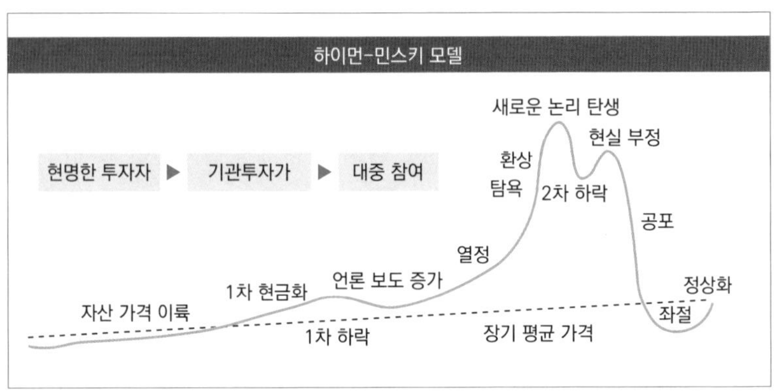

먼저 자산 가격이 이륙합니다. 장기평균 가격에 비해 오르면 1차 현금화하는 사람이 생깁니다. 오랫동안 손실 고통을 겪었던 사람일 수도 있고 단기 트레이딩을 하는 사람일 수도 있습니다. <돈의 심리학>의 저자 모건 하우절(Morgan Housel)의 표현을 빌리면, 서로 다른 게임을 한다고 볼 수 있습니다. 각자 다른 이유로 이 시점에 현금화하는 것이죠.

가격이 오르는가 했더니 1차 하락하면서 언론 보도가 증가합니다. 언론은 자산시장을 긍정적으로 전망하며 더 많은 투자자를 참여시킵니다. 영리한 투기세력이 언론을 통해 부추기기도 합니다. 그러자 열정을 가진 대중이 참여하기 시작합니다. 주변에서 돈을 벌었다는 소문이 많아집니다. 평소 관심 없던 사람도 투자에 합류합니다. 열정은 탐욕으로, 탐욕은 환상으로 변합니다.

가격이 정점에 이릅니다. 이때 새로운 논리가 탄생합니다. 앞서 말한 "이번에는 다르다"가 등장합니다. 1990년대 IT 벤처 열풍은 세상을 바꿀 것처럼 보였습니다. 전문가들은 저마다의 논리를 갖다 붙입니다. 역사상 한 번도 경험한 적 없는 새로운 구간에 들어섰다고 주장합니다.

여기서 2차 하락이 발생합니다. 하지만 "이번에는 다르다"라는 새로운 논리의 방향을 뒤집을 만큼은 아닙니다. 아직 대중의 환상은 깨지지 않았습니다. 조금씩 상승 반전합니다. 이때가 마지막입니다. 너무 높은 가격을 받아줄 매수자를 더는 찾기 어렵습니다. 거품의 정점입니다.

이때부터 투매가 일어납니다. 가격은 폭락합니다. 사람들은 공포에 사로잡힙니다. 올라가는 속도보다 훨씬 가파르게 떨어집니다. 비로소 사람들은 정신을 차리고 현실을 제대로 인식합니다. 탐욕과 광기에 사로잡혀 자산시장의 거품을 못 본 것입니다. 현명한 투자자와 기관 투자가는 이미 다 매도하고 빠져나간 뒤입니다. 막차를 탄 대중들은 좌절합니다. 가격은 장기 평균가격 아래로 떨어지고 좌절의 시간을 겪습니다. 그리고 다시 회복합니다. 결국 장기 평균가격에 수렴할 뿐입니다.

이것이 하이먼 민스키 모델입니다. 어떤가요? 과거 튤립버블, 남해회사 사건부터 닷컴버블, 서브프라임 모기지와 금융위기, 코로나 때 주식, 부동산, 비트코인 광풍까지 우리가 사는 세상의 모습이 보이지 않나요? 부동산도 투자재로서의 성격을 가진 이상 여기서 벗어나지 않습니다.

다시 한번 강조합니다. 역사는 발전하지만 인간의 본성은 변하지 않습니다. 바로 이 본성 때문에 투기, 거품, 탐욕, 광기, 좌절도 늘 반복되는 것입니다. 자본주의 세상을 제대로 이해하고 인간의 심리와 본성을 이해하면, 가격 사이클도 알아낼 수 있습니다. 멀리 갈 것 없이 내 주변 사람들이 요즘 어떤 얘기를 자주 하고, 어떤 심리에 사로잡혀 있는지 살펴보세요. 복잡한 공식보다 의외로 가장 정확한 인간지표일 수 있습니다.

부동산 수요 - 공급 데이터로 가격 사이클 이해하기

지금까지 매매-전세가격, 거래량, 환금성, 입지, 심리를 지표로 해서 부동산 가격 사이클을 알아봤습니다. 기준은 다르지만 부동산 가격에는 고유의 주기가 있고 늘 반복된다는 것을 알았습니다. 하지만, 가격 사이클이 있다고 하더라도 정확히 언제 시작해서 언제 끝나는지는 아무도 모릅니다. 미래를 예측하는 것은 신의 영역이죠.

하지만 가까운 미래에 어떤 흐름이 예상되는지는 과거 데이터를 통해서 어느 정도 알 수 있습니다. 미래의 사건을 예언하는 건 신의 영역이지만, 역사를 통해 패턴을 이해하는 건 인간의 영역이죠. 지금부터는 구체적인 데이터를 갖고 부동산 가격 방향에 대한 이야기를 전개합니다.

시장에서 가격은 수요와 공급으로 결정됩니다. 부동산 가격도 마찬가지죠. 그렇다면 부동산 가격을 정하는 수요 공급은 어떤 데이터를 봐야 할까요? 먼저 공급은 입주물량(인허가물량, 착공물량)과 매도물량으로 나눌 수 있습니다.

그렇다면 수요는 어떤 데이터로 알 수 있나요? 수요는 사람의 심리에 달려 있기 때문에 직접적인 인과관계를 확인하기 어렵습니다. 하지만 상관관계는 알 수 있습니다. 바로 거래량입니다.

(1) 거래량으로 알아보는 수요의 방향

지금부터 부동산 수요와 상관관계 지표인 거래량에 대해 알아봅니다. 결론부터 말하면, 수요가 늘면 거래량이 늘어나고, 수요가 줄면 거래량이 줄어듭니다. 양(+)의 상관관계입니다. 매매, 전세 모두 마찬가지입니다. 아래에서 매매, 전세 거래량이 어떤 흐름을 보이는지, 가격과는 어떤 연관성이 있는지 살펴봅니다. 서울 아파트 거래량을 예시로 합니다.

| 그림 8 | 서울 아파트 매매 거래량 변화

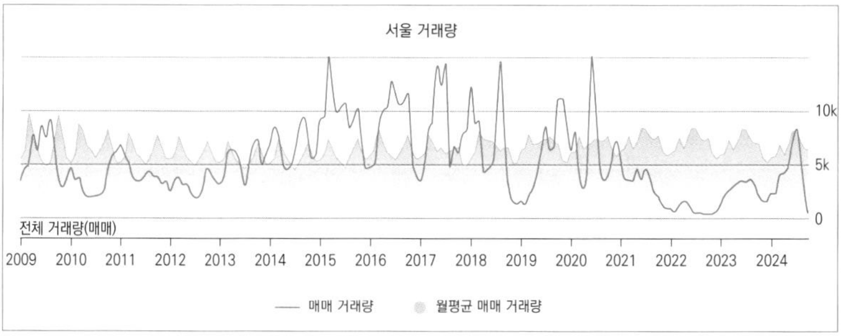

출처: 부동산 지인

서울 아파트 매매의 평균 거래량과 실제 거래량입니다. [그림 8]에서 면적이 평균 거래량이고, 실선이 실제 거래량입니다. 참고로 서울 아파트 월평균 매매 거래량은 약 6,000건입니다. 평균 거래량 수치는 규칙적인 꼭짓점과 골짜기가 보이는데 이는 계절적 성수기, 비수기를 의미합니다.

매매는 전세와 달리 투자 수요가 있으므로 실제 거래량은 시기에 따라 변동이 심합니다. 실선을 면적과 비교하면 다음과 같습니다.

평균 대비 거래량 적은 시점 2009-2013

평균 대비 거래량 많은 시점 2014-2020

평균 대비 거래량 적은 시점 2021-2024

거래량은 수요를 의미하는데 실수요보다 투자수요가 거래의 변동성을 키웁니다. 실제 거래량이 평균 대비 많은지 적은지는 투자수요와 상관관계가 있습니다. 물론 가격 폭등기에는 공급부족(매도물량 부족)에 따라 거래량이 급감하기도 하지만, 바꿔 말하면 높은 가격을 받쳐줄 유효수요가 부족하다는 의미도 됩니다.

주의할 것은 계절적 성수기, 비수기가 있으므로 실제 거래량은 단발성 패턴을 보는 게 아니라, 평균과 비교해야 합니다. 최소 6개월-1년 정도 꾸준한 흐름으로 거래량을 관찰하면, 지금 시점이 매매 거래가 늘어나는 시기인지, 투자수요가 몰리고 가격 상승이 예상되는지 어느 정도 판단할 수 있습니다.

| 그림 9 | **서울 아파트 전세 거래량 변화**

출처: 부동산 지인

이번에는 전(월)세 거래량을 살펴보겠습니다. 서울 아파트 전(월)세의 평균 거래량과 실제 거래량입니다. 월세는 전세의 대체재 성격이 강하므로, 편의상 전세로 표현하겠습니다. [그림 9]에서 면적이 평균 거래량이고, 실선이 실제 거래량입니다.

전세도 매매처럼 평균 거래량의 위, 아래 꼭짓점이 분명합니다. 계절적 성수기, 비수기입니다. 매매보다 계절적 성수기가 뚜렷하고 진폭도 규칙적입니다. 12월-1월-2월 지속 상승하여 3월에 정점을 찍는 패턴입니다. 신학기 개학에 맞춰 겨울부터 이사를 준비하는 학부모의 이동 패턴이 원인 중 하나입니다. 또한 객관적인 수치도 매매에 비해 높습니다. 월평균 10,000건이 넘습니다.

실제 거래량은 어떨까요? 전세는 실수요입니다. 투자 수요가 없기 때문에 매매만큼 변동이 심하지 않습니다. 대체로 평균과 비슷하게 붙어가는 것을 알 수 있습니다.

우선 2020년까지는 평균 거래량과 실제 거래량이 거의 붙는 것을 볼 수 있습니다. 심지어 매매 거래량이 높았던 2014-2020년에도 전세 거래량은 큰 변화가 없습니다. 전세 수요에 변화가 없었다는 뜻입니다. 왜냐하면 매매 거래량을 높인 것은 투자 수요이기 때문에, 투자자가 다주택으로 매입한 것이지, 전세와 대체관계에 있는 실수요가 변한 것은 아니기 때문입니다.

하지만, 2021년부터 전세 거래량은 평균에 비해 급격히 높아집니다. 왜 이럴까요? 전세는 실수요라고 했는데 왜 거래량에 변화가 생길까요? 바로 매매수요가 전세수요로 대체되었기 때문입니다. 2021년 당시 매매가가 폭등한 후 지금까지 침체를 보이면서 매수 수요자가 전세로 돌아섰기 때문으로 해석됩니다. [그림 10]에서 2021년 이후 실제 매매 거래량이 줄어드는 것과 전세 거래량이 늘어나는 것은 반대의 경향성을 보이는 것을 통해서도 알 수 있습니다.

| 그림 10 | 매매 거래량과 전세 거래량의 관련성

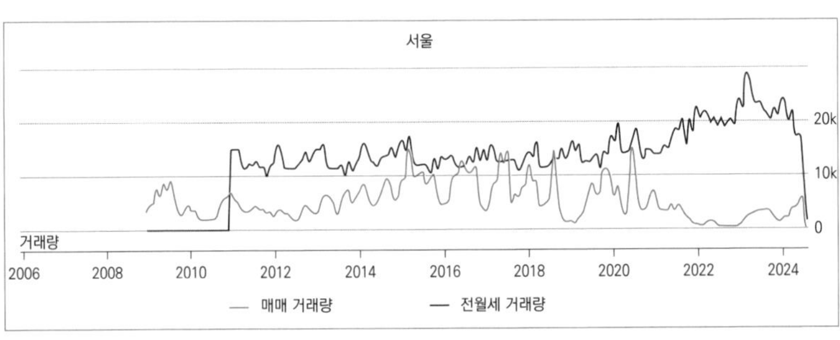

출처: 부동산 지인

[그림 10]은 매매와 전세의 실제 거래량만 비교한 것입니다. 원래 매매보다 전세 평균 거래량이 많기 때문에 수치는 당연히 전세가 높습니다. 각각 변화의 흐름을 봐야 합니다.

구체적으로 2014-2020년은 전세 거래는 안정적인데 매매 거래가 전세 거래를 위협하는 정도까지 늘어납니다. 투자수요가 몰려서 거래량이 늘어난 것입니다. 실수요보다 투자수요가 변동성을 키운 것이므로 전세 거래가 내려갈 이유는 없습니다.

이에 반해 2022-2024년처럼 전세 거래가 늘고 매매 거래가 줄어든 것은 (매매)투자수요와 (매매)실수요가 함께 떨어진 것으로 해석됩니다. 투자수요만 내려가고 실수요가 살아있다면 전세수요가 올라갈 이유는 없습니다. 하지만 실수요도 함께 내려갔기 때문에 대체관계인 전세수요가 오르는 것으로 해석됩니다(실수요자도 가격 하락이 예상되어 매매보다 전세를 선택).

정리하면, 매매 거래가 전세 거래보다 활발해지는 시기는 투자수요가 붙는 시점이며 가격 상승기와 관련이 있습니다. 반대로 전세 거래가 매매 거래보다 활발해지는 시기는 투자수요가 빠지고 실수요자도 매매보다 전세를 선택하는 시점이며, 가격 하락기와 관련이 깊습니다.

지금까지 부동산 거래량과 수요의 상관관계를 알아봤습니다. 물론 가격은 수요 외에도 공급에 좌우됩니다. 다음 장에서는 가격 결정의 또 다른 변수인 공급에 관해서 알아보겠습니다.

(2) 공급물량으로 알아보는 가격의 방향

우리나라의 아파트 공급은 선 분양입니다. 건설사는 경기 흐름에 따라 분양 일정을 조절하기 때문에, 건설사의 실적과 연관된 분양 물량보다는 인허가, 착공물량을 봐야 2-3년 후 입주물량을 예상할 수 있습니다. 이를 주택 공급의 선행지표라고 합니다. 또한 공급물량은 미분양과 함께 파악해야 가격과의 연관성을 알 수 있습니다.

요즘 뉴스나 신문에 항상 나오는 얘기가 공급부족 우려입니다. 서울 수도권의 경우 앞으로 공급부족이 예상된다는 것은 상식으로 알고 있습니다. 정부에서 비 아파트 규제를 풀고, 3기 신도시를 조속히 추진하며, 수도권의 그린벨트를 풀겠다는 정책이 나오는 것도 같은 맥락입니다. 그럼, 실제 데이터상으로도 그럴까요. 구체적인 데이터를 살펴보겠습니다.

| 그림 11 | 서울의 인허가, 착공물량의 역대급 급감

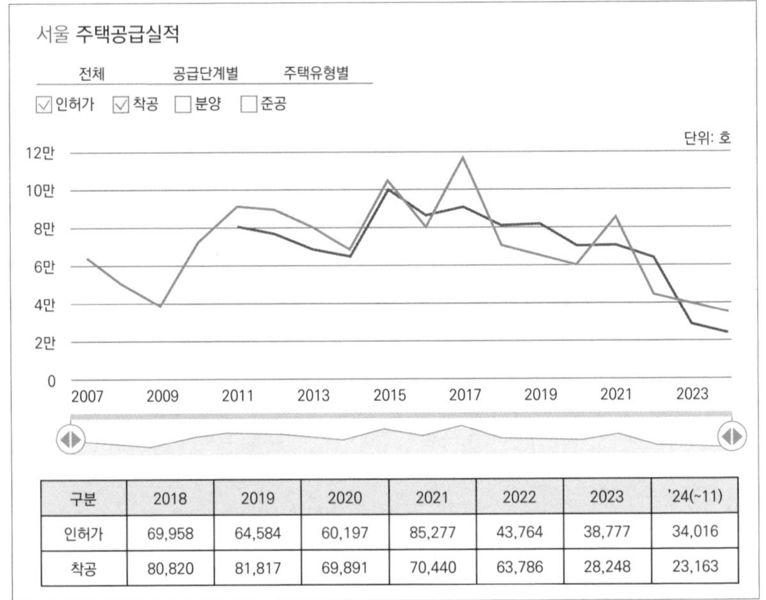

구분	2018	2019	2020	2021	2022	2023	'24(~11)
인허가	69,958	64,584	60,197	85,277	43,764	38,777	34,016
착공	80,820	81,817	69,891	70,440	63,786	28,248	23,163

출처: 국가통계포털

우선 서울의 인허가 물량을 살펴봅니다. 인허가 물량은 금융위기 당시를 제외하면 2021년까지 최소 60,000건 이상을 유지했습니다. 하지만 2022년부터 떨어지기 시작해서 2023년, 2024년에는 1/3 수준으로 급감합니다.

착공물량도 마찬가지입니다. 2021년까지 7-8만 건 수준을 유지했는데, 2022년 다소 감소하더니, 2023년, 2024년에는 인허가 물량보다 더 심각한 수준으로 떨어집니다.

2022년 이후 부동산 경기가 안 좋다보니, 건설사의 인허가 및 착공 실적이 급격히 줄어든 것입니다. 아파트는 단기간에 짓기 어려운 특성이 있어 아무리 애를 써도 2-3년 후 공급부족이라는 상황을 되돌리기 어렵습니다.

참고로 적정 공급물량은 지역별 인구수의 0.5%입니다. 서울 인구가 약 940만 명이므로, 적정 공급물량은 매년 47,000호가 되어야 합니다. 하지만 위의 선행지표를 보면 2025년, 2026년 모두 수요에 못 미치는 공급이 예상됩니다. 서울은 늘 수요보다 공급이 부족한 곳이긴 합니다. 하지만 앞으로 그 정도가 더 심해지는 것입니다.

| 그림 12 | **경기도의 인허가, 착공물량의 역대급 급감**

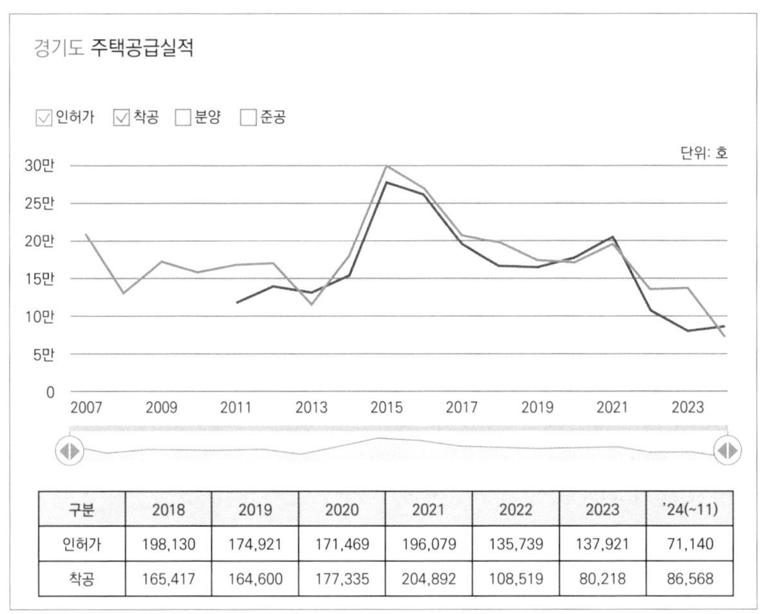

구분	2018	2019	2020	2021	2022	2023	'24(~11)
인허가	198,130	174,921	171,469	196,079	135,739	137,921	71,140
착공	165,417	164,600	177,335	204,892	108,519	80,218	86,568

출처: 국가통계포털

다음으로 경기도를 살펴보겠습니다. 원래 경기도는 서울보다 공급이 원활한 지역입니다. 하지만 경기도의 2022년, 2023년 인허가 물량도 지난 10년간 가장 적은 수준으로서 금융위기 당시와 비슷합니다. 2024년에는 더욱 급감하여 통계 집계 이후 최저 수준입니다.

착공물량은 더 심각합니다. 2023년, 2024년 모두 장기 평균에 비해 반토막 수준으로서 역사상 최저 수준을 기록한 것을 알 수 있습니다. 인허가, 착공물량 모두 지난 10년간 가장 드라마틱한 감소라고 볼 수 있습니다.

정리하면, 서울과 경기도 모두 공급물량의 선행지표인 인허가, 착공물량이 데이터상으로도 급감한 것이 맞습니다. 아파트 공급은 빵처럼 하루아침에 찍어낼 수 없습니다. 선행지표가 떨어지면 2-3년은 정해진 미래를 맞이합니다. 정부 대책도 단기간에 효과를 못 내는 것이 대부분이라 한계가 있습니다.

공급물량은 매도물량과 함께 보자.

다만, 주의할 것은 신축 분양에 따른 공급이란 해당 지역의 전체적인 수급을 결정합니다. 수요가 풍부한 지역에 적정 규모의 공급이 안 되면, 전세가가 먼저 오르고, 시간차를 두고 매매가도 오를 가능성이 높습니다.

하지만 매매 가격의 단기적인 방향성은 전체 수급보다 현재 집을 보유한 사람의 매도물량에 좌우됩니다. 집주인들이 공인중개사를 통해 시장에 내놓은 물량이 많으면, 전체 수급이 부족하더라도 단기적으로는 가격이 내려가는 경우가 많습니다. 이 또한 수요 공급의 법칙이 작용하기 때문입니다.

그럼 집주인은 언제 물량을 내놓을까요? 바로 가격이 내려갈 것으로 예상되거나 적어도 더 이상 오르기 힘들다고 생각하는 때입니다. 현재 지방은 말할 것도 없고 서울에도 매도물량이 상당히 많이 쌓여있는 것을 볼 수 있습니다. 수요는 부족한데 매물은 많기 때문에 가격이 조정받고 있는 것입니다. 하지만 서울 수도권의 경우, 위 선행 지표에 따르면 향후 수년 내 공급 부족은 정해진 미래이므로 시간이 지나면 매도물량과 무관한 전세 가격이 먼저 반응하고, 투자수요 유입에 따라 매매가격도 순차적으로 반응할 가능성이 높습니다. 참고로 매도물량은 [아실]-[매물증감]에서 확인 가능합니다.

| 그림 13 |

출처: 아실(2025년 1월 기준)

(3) 미분양과 가격의 상관관계

한편, 공급물량은 미분양과 함께 봐야 합니다. 미분양은 주택공급이 해당 지역에서 얼마나 소화가 되었는지 나타내는 지표입니다. 미분양에는 두 가지가 있습니다. 일반 미분양과 준공 후 미분양입니다. 일반 미분양은 건설사의 분양 시점에 완판이 안 된 것입니다. 준공 후 미분양은 입주 시점에 완판이 안 된 겁니다. 우리나라는 선 분양제입니다. 그래서 일반 미분양은 준공 후 미분양의 1-3년 선행지표입니다. 물론 일반 미분양이 많다고 준공 후 미분양이 항상 따라오는 것은 아닙니다. 시차가 있다는 정도로 이해하면 됩니다.

앞서 지역별로 인구수에 따른 적정 공급량이 있다고 했습니다. 미분양도 마찬가지입니다. 지역별로 일정 수준의 미분양 또는 준공 후 미분양은 항상 있기 마련입니다. 하지만 지역과 시기에 따라서 미분양이 계속 쌓이거나 쌓여있던 미분양이 해소되는 시점이 있는데, 이것이 가격과 밀접한 연관성이 있습니다.

결론부터 말하면, 미분양(특히 준공 후 미분양)이 추세적으로 떨어지는 시점은 가격이 오르는 시점과 교차할 가능성이 높습니다. 음(-)의 상관관계가 있습니다. 지금부터 서울, 경기도, 대구로 나눠서 데이터로 알아봅니다.

| 그림 14 | **서울 미분양과 가격의 상관관계**

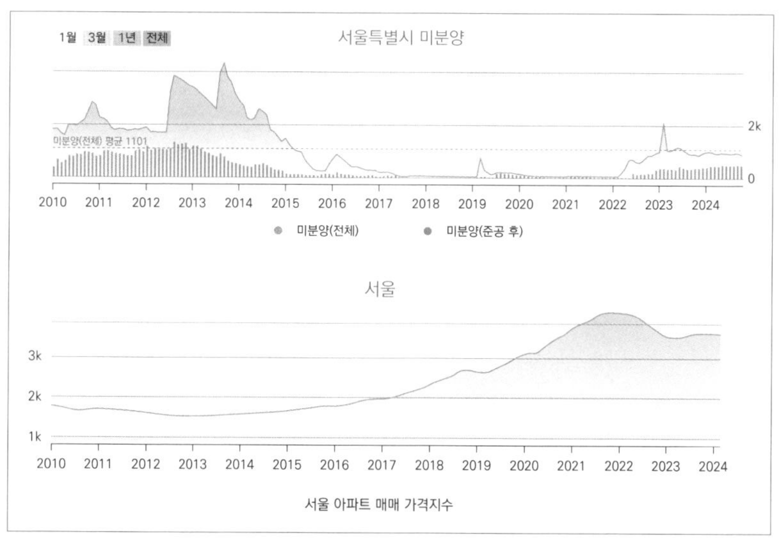

출처: 부동산 지인

[그림 14] 윗부분이 미분양 데이터이고, 아랫부분은 서울 아파트 매매 가격 지수입니다. 서울의 미분양(실선) 및 준공 후 미분양(막대)이 최대였던 시점은 2012-2013년입니다. 그러다 2014년부터 줄어들기 시작해서 2022년까지는 미분양이 거의 없습니다. 2023년, 2024년에 살짝 늘어나긴 했지만, 과거에 비해 많은 수준은 아닙니다.

가격과 비교해봅시다. 서울 아파트 가격은 2010-2013년까지 하락 또는 정체하다가, 2014년부터 서서히 오르기 시작해서 2021년 정점을 찍습니다. 그리고 2022년부터 지금까지 하락, 반등, 정체를 반복하고 있습니다. 미분양이 정점을 찍고 추세적으로 떨어지는 시기는 가격이 상승하는 시기와 교차하는 것을 알 수 있습니다.

| 그림 15 | **경기도 미분양과 가격의 상관관계**

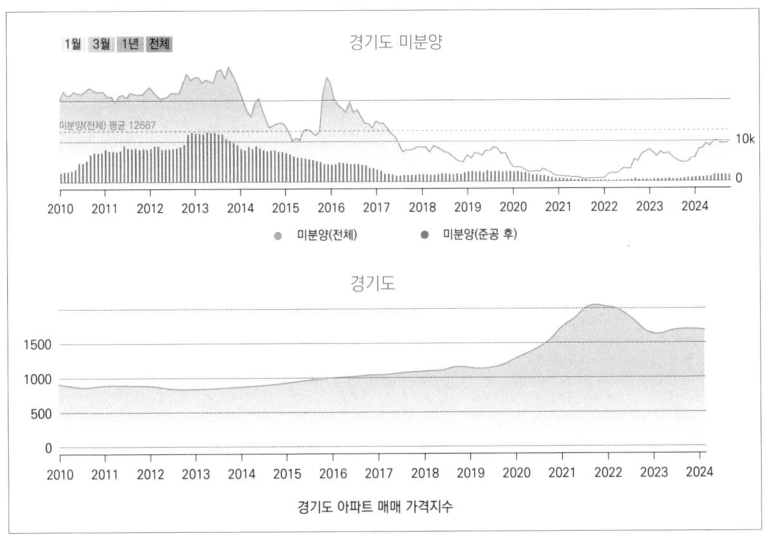

출처: 부동산 지인

경기도도 마찬가지입니다. 경기도의 미분양 및 준공 후 미분양이 추세적으로 떨어지는 시점은 2016년입니다. 경기도도 2016년부터 가격이 완만히 오르는 것을 볼 수 있습니다. 2021년 가격이 정점을 찍고 2022년부터 떨어지는데, 이때부터 미분양도 살짝 증가합니다. 서울과 마찬가지로 음의 상관관계를 보입니다. 서울만큼 가파르지 않지만 추세는 비슷합니다. 서울과 경기도는 하나의 생활권이기 때문입니다.

| 그림 16 | **대구 미분양과 가격의 상관관계**

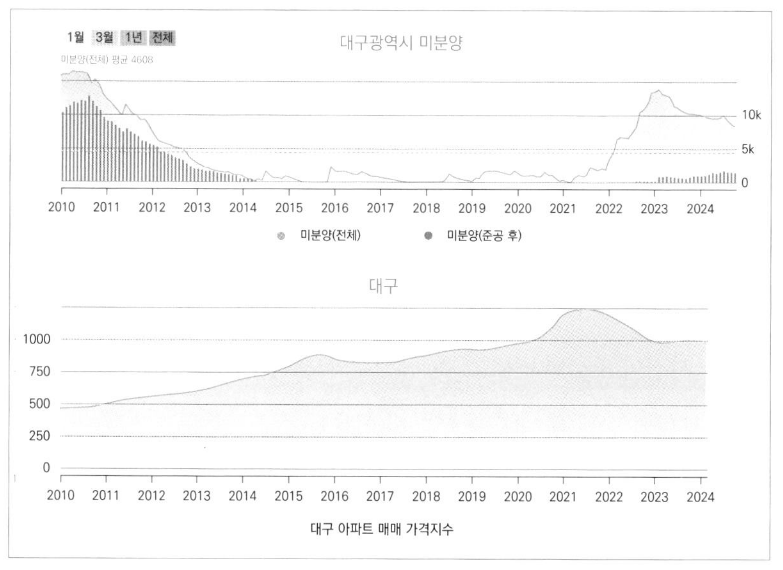

출처: 부동산 지인

미분양으로 악명 높았던 대구를 살펴봅니다. 굳이 대구를 넣은 이유는 지방일수록 가격이 공급물량(미분양)에 영향을 많이 받기 때문입니다. 상관관계가 더 분명하다는 뜻이죠. 특히 대구는 역대급 미분양, 이후 최장기간 상승, 다시 최악의 미분양 등 부동산 시장의 냉탕과 온탕을 오간 대표적인 도시입니다. 제 고향이 대구인데 데이터뿐만 아니라 실제 현장의 분위기는 엄청났습니다.

대구의 미분양 및 준공 후 미분양은 금융위기 이후 상상을 초월할 정도로 많았습니다. 대구광역시 인구는 약 240만 명입니다. 적정 공급물량은 인구 × 0.5%이므로 약 1만 2천 호입니다. 대구는 1만 2천 호가 공급돼야 매년 소화가 된다는 뜻입니다. 그런데 2011-2012년 당시 대구는 한 해 필요한 공급물량 전체가 미분양과 동일한 수준입니다. 1년 치 물량 전체가 하나도 소화를 못할 정도였다는 뜻입니다. 준공 후 미분양도 심각했습니다.

그러다가 2011년부터 미분양이 감소하기 시작해서 2012년, 2013년을 거쳐 2014년에 이르자 완전히 소진되고, 이것이 2022년까지 이어집니다. 그러다가 2023년에 다시 가파르게 폭등하고 현재까지 이어지고 있습니다.

대구 아파트 가격을 볼까요. 미분양이 해소되는 2011년부터 상승하기 시작해서 2021년까지 무려 10년 넘게 가격이 상승합니다. 서울 수도권보다 시작 시점이 3-4년 빠르고 전국으로 봐도 역대급 상승이었습니다. 그러다 코로나가 끝난 후 대구는 또다시 미분양이 급격히 늘고 있으며, 반대로 아파트 가격은 급격히 하락하고 있습니다. 대구도 서울 수도권과 마찬가지로 미분양과 가격이 음의 상관관계가 있는데, 오히려 수도권에 비해서 훨씬 선명한 상관관계가 있음을 알 수 있습니다. 지방은 수요가 한계가 있기 때문에 공급물량과 가격의 연관성은 상대적으로 더 크다고 볼 수 있습니다.

지금까지 서울, 경기도, 대구의 미분양과 가격의 상관관계를 데이터와 함께 살펴봤습니다. 정리하면 미분양은 부동산 가격과는 반대의 상관관계가 있습니다. 인과관계가 아니라 상관관계라고 밝힌 이유는 미분양은 공급 면에서의 하나의 지표에 불과하며, 가격에는 다른 요소도 개입하기 때문입니다. 하지만 이 정도만 파악해도 추세를 살펴보기는 충분합니다.

• 제3장 핵심요약

부동산은 통화량 증가에 따라 장기적으로 우상향할 수밖에 없다. 지역 간 편차는 있지만 대체로 사람들이 선호하는 핵심지 아파트라면 오를 수밖에 없다. 우선순위 원리가 작용하기 때문이다. 인구 감소에 따라 가격이 폭락할 것이라는 논리는 주택 공급이 수요에 맞춰 조절되는 것을 감안하면 한쪽 면만 본 것이고, 일본의 버블과 잃어버린 30년을 따라갈 것이라는 논리도 근거가 없다.

우리나라 주택보급률은 충분하지만, 자가보유율과 자가점유율은 낮은 편이다. 사람들이 선호하는 지역과 상품에 경쟁이 붙고, 거주와 투자를 분리하는 문화가 있기 때문인데, 이는 우리나라 부동산이 투자재로서 성격이 강하고 사람들의 투자수요가 높다는 뜻이다.

부동산은 고유의 가격 사이클이 있다. 매매가는 실수요와 투자수요가 합쳐진 것이고 전세가는 철저히 실수요만 있기 때문에 매매가, 전세가 방향에 따라 사이클을 가늠할 수 있다. 전세가가 꾸준히 상승했는데 매매가는 오래 정체하여 전세가가 매매가에 근접했거나, 매매가 역시 최근에 상승으로 방향을 틀었을 때가 매수 타이밍으로 볼 수 있다. 벌집순환 모형은 거래량과 가격에 따라 순환 주기를 분석한 모형이며, 제6국면과 제1국면이 매수 타이밍이다. 투자자 심리에 따른 하이먼민스키 모델, 환금성과 입지에 따라서도 가격 사이클을 파악할 수 있다.

거래량도 가격과 비슷하게 매매 거래량은 등락이 심한 반면, 전세 거래량은 안정적이다. 투자수요에 차이가 있기 때문이다. 매매 거래량이 전세 거래량을 추월할 정도로 오르는 시점이 매매 수요가 폭발하여 가격이 오르는 시점으로 볼 수 있고, 반대로 가격 하락기에는 실수요자들이 매매보다 전세를 선택하기 때문에 매매 거래량은 급감하고 전세 거래량이 늘어나는 경향이 있다.

공급물량은 미분양과 함께 봐야 한다. 서울 수도권의 공급물량은 선행지표인 인허가 착공물량을 봤을 때 최근 역대급으로 급감하여 향후 2-3년 동안 공급 부족에 시달릴 가능성이 있다. 미분양은 가격과 상관관계가 있는데, 서울, 경기도, 대구의 미분양 데이터를 보면, 미분양이 추세적으로 떨어지는 시점과 가격이 상승하는 시점이 반대의 상관관계를 보이는 것을 알 수 있다.

Q&A 변호사님 궁금해요!

Q 부동산 가격이 장기적으로 우상향할 거라고 하셨는데, 한편으로 경제성장률은 예전만큼 높기 어렵다고 하셨습니다. 모순이 아닌가요? 경제가 성장해야 부동산도 오르는 거 아닐까요.

부동산 가격은 경제성장률보다 통화량 증가와 연관이 큽니다. 위에서 M2를 얘기했잖아요. 시중에 통화량이 늘어나면 화폐가치가 떨어지는 만큼 실물자산 가격은 오릅니다. 그런데 경제성장률이 낮다고 해서 통화량이 줄어드는 것은 아닙니다. 오히려 경기침체가 오면 실물 경제를 살려야 하므로 시중에 돈은 더 많이 풀립니다. 코로나 때 다 같이 경험했잖아요. 통화량이란 매년 증가 폭은 조절되겠지만 결국 증가할 수밖에 없는 운명입니다. 마찬가지로 부동산 가격도 단기 등락은 있더라도 장기적으로 오를 수밖에 없는 것입니다.

물론 우리나라 경제가 회복 불가능할 정도로 폭망한다면 자산가치도 폭락할 겁니다. 하지만 성장률이 낮아진다는 것이 경제가 망한다는 뜻은 아닙니다. 어떤 나라든 선진국형 경제로 진입하면 성장률은 낮아질 수밖에 없습니다. 연 평균 경제성장률이 10%를 넘는 것은 개발도상국에서 가능하지, 선진국에서는 불가능한 수치입니다. 최근 미국, 유럽 선진국의 성장률은 2-3% 수준입니다. 우리나라도 마찬가지입니다. 반에서 꼴찌 하던 학생이 10등까지는 빠르게 치고 올라왔지만, 10등에서 더 위로 올라가려면 속도가 더뎌지는 것과 비슷합니다. 그럼에도 우리나라 뿐만 아니라 선진국의 부동산 가격지수를 보면 여전히 계속 상승하고 있습니다. 핵심은 바로 화폐 경제 시스템에서 통화량 증가, 인플레이션 때문입니다.

Q 부동산 가격 사이클에 대해 어떤 이들은 10년 주기설, 5년 주기설 등 숫자로 예측하는 분도 있습니다. 근거가 있을까요?

미래를 예측하는 건 신의 영역입니다. 몇 년 후에 일어날 일을 어떻게 알죠? 무슨 근거로 그런 얘기를 하는지 물어보고 싶네요. 부동산 가격에 일정한 주기가 있는 것은 분명하지만, 그 주기가 정확히 언제 시작해서 언제 끝나는지는 아무도 모릅니다. 반복되는 패턴만 있을 뿐입니다. 가격에는 인간의 심리가 작용하기 때문에, 사계절과 같이 규칙적으로 움직이지 않습니다. 예전 같으면 하나의 주기가 끝난 것 같지만 계속되는 경우도 있고, 코로나와 같은 예측 못한 변수를 만나기도 합니다. 숫자로 주기를 예상하는 건 절대 있을 수 없습니다. 그런 말을 하는 사람은 과거 몇 개 사례를 일반화하여 논리를 구성하는데, 우리나라 부동산 시장의 가격 사이클이 의외로 몇 번 되지 않습니다. 데이터가 남아있는 기간은 그보다 더 짧습니다. 불과 몇십 년의 데이터를 갖고 특정한 숫자를 이론으로 구성하는 것은 말도 안 된다고 생각합니다.

Q 가격 주기를 설명하면서 하락장에서 깡통전세, 역전세가 일어난다고 했습니다. 깡통전세와 역전세가 무엇이고, 어떤 일이 벌어지나요? 변호사님이니까 더 잘 아실 것 같습니다.

맞습니다. 폭등장이 끝나고 폭락을 맞을 때 깡통전세와 역전세 현상이 일어납니다. 불과 1-2년 전까지 뉴스와 신문을 도배했습니다. 깡통전세는 집을 팔아도 보증금을 못 돌려주는 경우입니다. 매매가가 폭락했는데 경매로 넘어가면 낙찰가는 더 떨어져서 임차인에게 보증금 전액을 못 돌려주는 것이죠. 선순위 담보가 있는 경우 매매가에서 선순위 담보를 공제한 잔액이 전세금에 못 미치는 경우를 의미하기도 합니다. 어느 경우든 임차인이 전세 보증금 전액을 못 받는다는 점에서 사회 문제가 됩니다.

역전세는 기존 전세금에 비해 신규 전세금이 낮은 것을 의미합니다. 임대인이 계약 만료된 임차인에게 보증금을 돌려줄 때 자기 돈으로 반환하는 경우는 없습니다. 애초 전세를 끼고 매수했기 때문이고 설령 현금으로 매입했더라도 전세금을 다른 곳에 사용했기 때문입니다. 그래서 신규 임차인에게 전세금을 받아서 기존 임차인의 전세금을 반환하는데, 문제는 신규 전세금이 기존 전세금보다 내려가는 경우입니다. 이를 전세금이 역전되었다는 의미에서 역전세라고 합니다. 신규 전세금이 기존 전세금보다 높거나 적어도 같아야만 임대인의 현금이 필요 없는데, 전세가가 떨어져 역전세가 발생하면 차액을 현금으로 반환해야 합니다. 현금이 없는 경우, 깡통전세와 마찬가지로 임차인에게 보증금 전액을 못 돌려주는 사고가 생깁니다.

깡통전세와 역전세는 개념은 다르지만 부동산 가격 하락기에 발생합니다. 폭등 후 폭락장에서 특히 그렇습니다. 투자 수요가 급격히 빠지면서 가격이 폭락할 때는 전세가보다 매매가가 더 떨어지는 경우가 많습니다. 이때 전세가율이 높은 물건에서 깡통전세가 일어납니다. 또한 시장에 풀려있는 물량이 갑자기 소화를 못하면 지역적으로 공급 과잉이 일어나면서 역전세가 발생합니다. 참고로 깡통전세와 역전세는 전세사기와는 다릅니다. 임대인 입장에서 투자 실패이고 임차인이 재산 피해를 입어서 사회 문제가 된 것이지, 처음부터 고의적으로 범죄를 하는 전세사기와는 구별해야 합니다.

Q 매매가격과 전세가격이 다르게 움직이는 이유를 알아봤습니다. 서울 수도권과 지방의 차이점이 있을까요?

매매는 실수요와 투자수요가 함께 있고, 전세는 실수요만 있기 때문에 가격 변동성에 차이가 있다고 했습니다. 이 점에서는 서울 수도권과 지방이 같습니다. 지방에도 투자수요는 있기 때문입니다. 하지만 서울 수도권과 지방은 조금은 다른 경향성을 갖고 있습니다.

일단 서울 수도권은 지방에 비해 투자수요가 훨씬 풍부합니다. 인구가 많기도 하거니와 지방에 사는 사람도 서울에 투자하기 때문입니다. 외지인 투자비율이 높다는 뜻입니다. 그래서 수도권이 지방에 비해서 매매가격의 변동성이 큽니다. 오를 때 많이 오르고, 내릴 때도 많이 내립니다. 앞서 가격 변동성을 키우는 것은 실수요보다 투자수요라고 했는데, 투자수요가 많은 곳이 변동성이 큰 것입니다. 변동성이 크니까 매매가격과 전세가격이 디커플링(탈동조화)되는 경우가 많습니다.

이에 반해 지방은 광역시의 핵심지역 몇 곳을 제외하면 대체로 투자수요가 많지 않습니다. 매매가격도 비교적 완만하게 오르고 내리는 경향이 있습니다. 매매가격이 전세가격과 같은 방향성을 그리며 정직하게 따라붙는 경우가 많고(동조화), 그래서 전세가율 변동 폭도 수도권에 비해서는 낮은 것이 특징입니다.

반대로 지방은 규모가 작고 수요는 한계가 있는데 빈 땅이 많아 공급물량에 영향을 많이 받습니다. 수급불일치로 미분양이 자주 발생하며, 공급과잉으로 전세가가 폭락하고 매매가도 동반 폭락하는 경우가 수도권에 비해서 많습니다. 전세가는 매매가의 하방지지선 역할을 하지만, 전세가 자체가 떨어지면 매매가도 함께 떨어질 수밖에 없는 것이죠. 이런 현상이 지방 부동산 시장의 특징입니다.

Q 최근 몇 개월 서울의 아파트 거래량이 반짝 급등했습니다. 드디어 대세 상승장이 왔다고 얘기하는 사람도 있는데, 그 후에 다시 하락했습니다. 거래량이라는 게 왜 이렇게 들쭉날쭉한가요?

거래량이 추세적으로 상승하면 본격적인 상승장일 수 있습니다. 하지만 최근 2024년 여름에 반짝 급등했다가 다시 급감했는데요, 이것은 투자 수요가 합세하지 못했기 때문입니다. 정부에서 실수요자의 내 집 마련을 위해 다양한 대출을 풀었는데, 자금이 부동산 시장에 갑자기 흘러 들어가면서 연쇄적으로 매매 거래가 늘었습니다. 이때 매수한 이들은 주로 불과 몇 년 전까지의 역대급 상승장에 대한 기억이 남아있는 실수요자일 가능성이 높습니다. 이번에는 기회를 놓치지 않겠다는 생각에 매수 결정을 했을 가능성이 있습니다. 하지만 투자자는 합류하지 않았습니다.

그러다 정부에서 가계 부채 관리 차원에서 다시 대출한도를 줄이고 금리를 높이자 거래가 멈춘 것입니다. 가격 변동성을 키우는 것은 투자 수요인데, 투자자가 매수결정을 하기에는 아직 전세가율이 낮고, 실수요자를 위한 대출 정책이 투자 수요에까지 영향을 주지는 못한 것입니다. 원래 상승장에서 하락장, 하락장에서 상승장으로 가는 조정장에서는 이렇게 들쭉날쭉한 현상이 나타나는 것이 정상입니다.

Q 다양한 기준으로 부동산 가격 사이클을 알아봤습니다. 혹시 이외에도 부동산 상승장, 하락장에 나타나는 신호가 있다면 어떤 게 더 있을까요?

우선 청약경쟁률입니다. 청약경쟁률은 부동산 시장의 매수심리를 알아보는 대표적인 지표 중의 하나입니다. 내 집 마련이든 투자든 가격 상승에 대한 기대감이 커질 때 사람들은 청약에 참여합니다. 청약경쟁률이 높아야 분양권 시장도 살아나고, 프리미엄이 붙습니다. 그래야 신축 아파트에서 구축 아파트로, 재건축 아파트로 시장의 온기가 퍼집니다. 반대로 하락기에는 입지가 좋은 곳인데도 청약경쟁률이 감소합니다. 가격 하락 전망이 우세해서 아무리 신축이라도 수요가 없다는 뜻입니다.

둘째, 경매낙찰가율입니다. 낙찰가율은 감정가 대비 낙찰가의 비율을 뜻합니다. 경매는 실수요자보다는 투자자가 참여하는 시장으로서 일반 매매시장의 6개월 선행지표가 반영되는 시장입니다. 낙찰가율이 높다는 것은 가격 상승 전망이 있으므로 좀 더 비싼 가격에 낙찰받는 것을 의미합니다. 참고로 감정가는 현 시세가 아니라 6개월 전 시세를 반영합니다. 때문에 낙찰가가 높아진다는 것은 향후 가격 상승을 예측할 수 있는 지표가 됩니다. 반대로 하락기에는 아무리 가격이 떨어져도 사람들은 경매에 참여하지 않습니다. 일반 재화시장에서는 가격이 내리면 수요가 오르지만, 부동산 투자 시장에서는 가격이 내리면 수요는 오히려 감소합니다. 미래 가격을 예측해서 수요가 움직이기 때문입니다.

셋째, 정부 정책입니다. 정부는 부동산 시장이 안정되는 것을 원합니다. 안정된다는 것은 가격이 떨어지거나 그대로 유지되는 것이 아님을 주의해야 합니다. 물가상승률에 비례해서 안정적으로, 예측 가능한 범위에서 상승하는 것입니다. 그래야 집을 가진 사람이나 못 가진 사람이나 정부에 큰 불만이 없습니다. 정권 유지 및 재창출이 가장 현실적이고 중요한 목표니까요.

수출 중심의 소규모 개방경제인 우리나라에서 내수를 살리기 위해 부동산 경기는 매우 중요합니다. 때문에 정부도 절대 부동산 시장이 차가워지는 것을 원하지 않습니다. 가격 전망이 좋아야 건설사에서 주택을 공급하고 연관 산업도 활성화됩니다. 세수가 증가함은 물론입니다. 이 말은 무슨 말일까요. 부동산 하락기가 오래되면 경기 부양책이 나올 수밖에 없다는 것입니다. 물론 정부 정책이 바로 효과를 거두지는 못합니다. 시차가 있기 때문입니다. 하지만 정부에서 부동산 경기 활성화를 위해 정책의 방향을 틀었다는 것은, 현시점이 부동산 하락기임을 인정하는 것이며, 동시에 시간은 걸리겠지만 시장의 방향이 바뀔 것이라는 가늠자가 됩니다. 반대로 부동산 상승기를 넘어 폭등기에 이르면 시장 과열을 억제하기 위해 강력한 수요억제, 공급대책이 나오는 것도 알고 있어야 합니다. 이처럼 정부 정책의 방향성을 통해서 현시점이 부동산 가격 상승기 또는 하락기인지 알 수 있고, 다소간의 시차를 통해 가격의 방향성이 바뀐다는 것도 알 수 있습니다. 때로는 투기과열지구, 조정대상지역처럼 특정 지역에만 선별적으로 규제를 강화하거나 완화하는데, 이로써 다른 지역에 비해서 해당 지역이 어떤 상황인지 간접적으로 알 수 있습니다. 정부가 오히려 투자 지역을 찍어줬다고 비판받는 이유입니다.

이런 신호들과 함께 책 본문에서 설명한 매매가-전세가 방향, 전세가율, 거래량, 공급물량, 미분양 데이터를 함께 보면 됩니다. 주의할 것은 부동산 상승기, 하락기가 분명할 때는 해당 지표들이 동일한 방향성을 갖지만, 상승기에서 하락기, 하락기에서 상승기로 방향이 바뀌는 조정장에서는 데이터 상호 간에도 방향이 다를 수 있습니다. 몇 개 지표는 상승을 의미하는데, 몇 개 지표는 하락을 가리킵니다. 하지만 데이터가 잘못된 것이 아닙니다. 조정장은 원래 들쭉날쭉한 것이 특징이므로 데이터도 일관된 방향성이 없이 오락가락하는 것일 뿐입니다. 하나의 지표만 보면서 과잉해석하지 않기를 바랍니다. 이럴 때는 나머지 다른 데이터가 동일한 방향성을 가질 때까지 추세를 보면서 기다리는 것이 좋습니다. 부동산은 절대 급할 필요가 없습니다. 확실하게 방향을 틀고 그 방향으로 움직이는 데 시간이 오래 걸리기 때문에 충분히 따라갈 수 있습니다.

Chapter 04

Real Estate

얼마에 살 것인가

You Tube

제4장 얼마에 살 것인가

@wesolve_lawfirm

제4장

얼마에 살 것인가

가장 중요한 질문입니다. 투자의 본질은 싸게 사는 것입니다. 싸게만 사면 파는 것은 걱정할 필요가 없습니다. 매수할 때 매도가 결정된다고 해도 과언이 아닙니다. 우량 자산이라면 굳이 안 팔아도 됩니다. 매도하는 이유는 현금이 필요하거나 더 좋은 자산을 매수하기 위함인데, 처음부터 좋은 자산을 확보했다면 본질 가치가 변하지 않는 이상 매도를 서두를 이유는 없습니다.

앞 장 언제 살 것인가에서 다양한 기준으로 부동산 가격 사이클을 알아봤습니다. 언제 살 것인지가 가격의 흐름을 파악하는 것이라면, 얼마에 살 것인지는 구체적으로 싼지 비싼지를 판단하는 기준에 해당합니다. 다시 말해, 저평가를 의미합니다. 이를 위해 먼저 가치와 가격의 차이에 관해서 알아야 합니다.

가치와 가격의 차이 이해하기

사람들은 가격이 비싸면 가치도 높다고 인식합니다. 어느 정도는 맞습니다. 하지만 항상 일치하지는 않습니다. 주식이든 부동산이든 경제 상황에 따라 본질 가치에 비해 가격이 비싼 경우가 있고, 반대의 경우도 있습니다. 길게 보면 가격은 본질 가치로 수렴합니다. 하지만 가치와 무관한 시장 상황의 변화로 인해서 가격과 가치가 분리되기도 합니다. 그래서 가치를 보는 눈과 가격의 적정성을 판단하는 안목을 동시에 길러야 합니다. 이 점은 주식과 부동산이 다르지 않습니다.

본질 가치의 파악

주식시장에서 투자의 대가들이 늘 하는 말이 있습니다. 주식 뒤에 있는 기업을 봐야 한다는 것입니다. 투자할 때는 기업의 본질 가치에 주목하고 기업과 동업한다는 생각으로 하라는 말입니다.

주식은 기업의 본질 가치를 보는 것입니다. 기업의 가치 평가를 위해 다양한 데이터를 사용합니다. 단 하나의 핵심지표가 있는 것이 아닙니다. 사람마다 활용하는 데이터가 다르기 마련입니다. 공부를 하다보면 자기만의 기업을 보는 눈이 생기고, 자신만의 독자적인 기준이 생깁니다. 중요한 것은 주가라는 가격 뒤에 숨어있는 기업의 본질 가치를 평가하는 것입니다.

부동산은 입지의 본질 가치를 봐야 합니다. 마찬가지로 기준은 사람마다 다릅니다. 일자리, 교통, 환경, 학군 등 흔히 말하는 지역 분석에 필요한 요소는 있지만 사람마다 중요하게 생각하는 것에는 차이가 있습니다. 다만, 부동산에서 중요한 것은 건물이 아니라 땅, 입지의 본질 가치를 봐야 한다는 것입니다.

가격의 적정성과 인플레이션

어떤 기업이나 부동산 입지가 어느 정도 가치가 있다고 해도, 현재 가격이 가치 대비 적정한지를 판단하는 것은 다른 문제입니다. 특히 가격이란 화폐 인플레이션으로 인해 그 적정성을 판단하기 어려울 수 있습니다.

그래서 일정한 기준이 필요합니다. 같은 자산의 과거 가격 또는 같은 시점의 다른 자산과 비교해서 판단합니다. 예컨대 어떤 기업이나 부동산의 본질 가치에는 변화가 없는데, 화폐 인플레이션을 감안하더라도 과거에 비해 너무 비싸거나, 가치가 비슷한 다른 기업 또는 부동산에 비해 너무 비싸면 가격에 거품이 끼었다고 판단할 수 있습니다.

반대로 인플레이션을 감안하더라도 해당 기업이나 부동산의 본질 가치에 비해 가격이 싸다고 판단되면 저평가된 것입니다. 또는 같은 가격임에도 불구하고 다른 기업, 부동산에 비해 높은 가치를 갖고 있어도 저평가된 것입니다. 이런 눈은 경제 공부를 하다 보면 자연스럽게 길러집니다.

정리합니다. 주식이든 부동산이든 가격 자체에만 주목할 게 아니라 항상 가치 대비 가격에 주목해야 합니다. 모든 가격은 자산의 본질 가치로 회귀하려는 속성이 있습니다. 그래서 가치 대비 가격이 비싸거나 싼 시점은 주기적으로 찾아옵니다. 투자의 핵심은 자산의 본질 가치를 자기만의 눈으로 평가해서 가치 대비 가격이 싼 시점이 왔을 때 과감하게 매수하고, 시간과 복리의 힘을 믿고 기다리는 것입니다. 결국 얼마에 (싸게) 살 것인지가 핵심입니다.

부동산 데이터로 저평가 판단하기

가치와 가격의 차이를 이해했다면 다시 부동산 이야기를 해보겠습니다. 먼저 해당 부동산의 본질 가치를 알아야 합니다. 그리고 현재 가격이 가치 대비 적정한지 판단할 줄 알아야 한다고 했습니다.

부동산의 본질 가치는 입지입니다. 미리 얘기하면 입지는 공간이고 공간은 결국 시간입니다. 이것은 다음 장 [어디에 살 것인가]에서 자세히 설명하겠습니다.

여기서는 입지 간 상대적 비교보다는 부동산 가격 주기를 고려했을 때 어느 시점이 싸다고 평가되는지 구체적인 데이터로 알아봅니다. 살펴볼 데이터는 세 가지입니다. PIR, K-HAI, 전세가율 및 전세가격입니다.

PIR, 소득으로 가격의 적정성을 판단하기

우리가 어떤 재화나 서비스 가격이 적정한가를 판단할 때 소득을 고려하는 경우는 없습니다. 가장 비싼 물건에 속하는 차만 봐도 그렇습니다. 새로 나온 신형 벤츠를 산다고 가정합시다. 벤츠 가격이 내 소득 대비 적정한지를 따지지 않습니다. 그보다 쓸모 있는가, 효용 대비 가격이 적정한가, 즉 가성비를 보거나, 다른 차와 비교해서 가격의 적정성을 판단합니다.

투자 상품도 그렇습니다. 주식, 비트코인, 원자재, 심지어 수익형 부동산을 살 때도 소득을 비교하지 않습니다. 하지만 유독 주택 가격은 소득에 비추어 가격의 적정성을 판단합니다. 주택은 의식주의 하나로서 필수재이고 워낙 가격 단위가 크기 때문입니다. 부동산 수요를 판단할 때는 유효수요가 중요하기 때문이기도 합니다. 다시 말해, 부동산은 사고 싶은 사람이 얼마나 있는지가 아니라, 살 수 있는 사람이 얼마나 있는지가 중요하다는 뜻입니다. 살 수 있는 능력은 결국 소득과 연관됩니다. 이에 관한 데이터가 바로 PIR(Price to Income Ratio)입니다.

(1) PIR은 무엇인가(소득 대비 주택가격 비율)

PIR은 Price to Income Ratio의 약자입니다. 소득 대비 주택가격 비율입니다. 쉽게 말해 가구 소득이 이 정도인데, 아파트 가격이 이 정도라면 살만한지, 아닌지를 판단하는 지표입니다.

구체적으로 주택 가격을 가구 소득으로 나눈 값입니다(주택 가격/가구 소득). 예컨대 PIR이 12라면 주택 가격은 가구 연 소득의 12배라는 뜻입니다. 흔히 신문에 이런 기사가 나오면 PIR에 관한 이야기입니다.

서울 사람이 월급을 15년 동안 한 푼도 안 쓰고
모아야 서울 아파트를 산다.

(2) 어떻게 산정되고 어떻게 봐야 하나

가구 소득은 해당 지역 가구의 중윗값으로 잡습니다. 하지만 가구 소득과 아파트 가격의 원천 데이터에 따라 PIR 데이터가 전혀 달라집니다. 그래서 PIR 데이터는 과거와 현재를 비교하여 변화의 흐름을 보는데 중점을 두어야 합니다. 국토교통부, KB 데이터, 프롭테크(Proptech) 앱의 정보를 참고할 수 있으나, 한 곳을 정해놓고 지수를 비교해야 합니다. 산정 방식이 다르기 때문에, 출처 간 데이터를 상호 비교하면 안 됩니다. 즉, 저량(stock)[1]이 아니라 유량(flow)[2]의 관점으로 봐야 합니다.

---

1 특정시점을 기준으로 판단하는 것

2 일정 기간 동안 변화를 판단하는 것

여기서는 예시로 KB 아파트 담보대출 PIR을 참고해보겠습니다. [KB 부동산-데이터 허브-KB 통계]에 있습니다. 분기 단위로 산정되며, KB 국민은행 부동산담보대출(아파트) 대출자의 연 소득 중윗값, 담보대출 실행 시 조사된 담보평가 가격의 중윗값을 기준으로 합니다.

| 그림 17 |

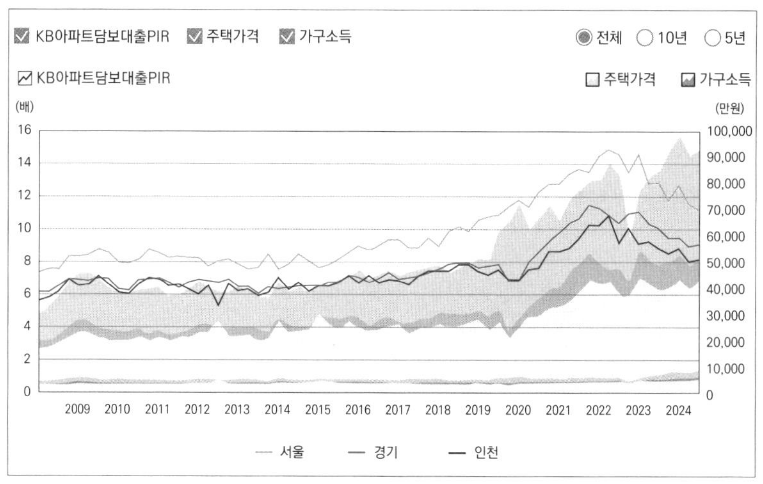

출처: KB 부동산

가장 하단의 면적이 가구 소득 데이터이고, 상단에 실선을 제외한 면적이 아파트 가격 데이터입니다. 실선이 바로 PIR 지수입니다.

데이터를 보면 다음과 같은 사실을 알 수 있습니다. 가구 소득은 큰 변화가 없다는 것, 가구 소득보다 주택 가격이 PIR에 결정적 영향을 미친다는 것입니다. 서울, 경기, 인천은 같은 방향성을 가진다는 것도 알 수 있습니다.

편의상 서울을 기준으로 살펴봅니다. 먼저 금융위기가 있던 2008년

3분기는 7.5를 기록하고 있습니다. 긴 하락장의 끝에서 반등을 시작한 2015년 1분기는 7.6을 기록합니다. 본격적인 상승 랠리가 시작된 2018년 2분기는 9.8로 오르는 것을 알 수 있습니다. 코로나로 인한 유동성의 효과로 폭등장이 펼쳐진 2022년 2분기는 14.8로서 역대 최고를 기록합니다. 2024년 3분기 기준으로 PIR 지수는 11.2를 기록하고 있습니다. 서울 중위 가구 소득은 8,236만 원이며, 서울 아파트 중위 가격이 92,500만 원입니다. 한 번의 폭등장과 폭락장을 거친 후, 현재는 2020년 2분기 수준으로 떨어진 것을 알 수 있습니다(2025년 1월 기준).

(3) 어느 정도면 싸다고 볼 수 있는가(PIR)

그렇다면 서울 아파트 가격이 소득 대비 싸다고 평가될 때는 언제일까요. 과거를 돌이켜 장기 평균선과 비교해 보면, PIR 지수가 7, 8점대를 유지한 2010년부터 2015년은 싸다고 볼 수 있습니다. 9점대를 기록한 2017-2018년도 아주 비싸지는 않다고 볼 수 있습니다.

월급을 한 푼도 안 쓰고 9년을 모아야 살 수 있는데 이게 싸냐고 묻는 사람이 있다면, 이렇게 답해드립니다.

서울 아파트는 원래 비쌉니다.
그래서 이 정도면 싼 겁니다.

하지만, 장기 평균선과 비교했을 때 코로나 폭등장인 2020년 이후 가격은 비싸다고 판단되며 (PIR 12 이상), 정점을 찍고 내려왔지만, 현재도

2020년 수준인 점을 감안하면 여전히 싸지는 않다고 할 수 있습니다.

주의할 것은 서울 아파트 평균 기준이며, KB 아파트 담보대출 PIR 기준입니다. 다른 곳은 더 높게 산정되는 점을 주의해야 합니다. PIR 데이터는 각 통계마다 산출방식이 달라서, 하나의 출처를 정해놓고 과거와 현재를 비교하면서 지수 흐름을 보는 용도로 활용해야 함을 다시 한번 강조합니다. 출처 간 숫자를 비교하는 것은 의미가 없습니다.

K-HAI, 주택 구입의 실질적 부담 정도를 나타내는 지수

두 번째 봐야 할 데이터는 주택구입부담지수입니다. 주택구입부담지수(K-HAI)는 Korea-Housing Affordability Index의 약자입니다. 주택 구입의 실질적 부담 정도를 나타내는 지수입니다. 풀어서 표현하면 우리나라 중위소득 가구가 표준대출로 중간가격 주택 구입 시 대출상환 부담을 나타내는 지수입니다. 산출방식은 아래와 같습니다.

$$\text{주택구입부담지수(K-HAI)} = \frac{\text{원리금상환금액}}{\text{중간가구소득} \times 0.25}$$

PIR이 소득 대비 주택가격 비율이라면, K-HAI는 주택 구매자의 실제 부담 정도를 나타내는 지표로 활용됩니다. PIR과 다르게 대출상환 능력이 고려되므로 금리 변수가 추가됩니다. 그래서 K-HAI에 영향을 주는 변수는 주택 가격, 가계소득, 대출금리입니다. 소득에 비해 가격이 비싸거나 금리가 비싸면 지수가 올라갑니다. 지수가 오를수록 부담이 크다는 뜻입니다. 구체적으로 아래와 같습니다.

지수가 100이면 월급의 25%를 대출 갚는 데 쓴다.

지수가 200이면 월급의 50%를 대출 갚는 데 쓴다.

예컨대 월 소득 400만 원의 직장인이 대출 원리금을 매달 100만 원씩 갚으면 지수는 100입니다. 월 소득 400만 원의 직장인이 대출 원리금을 매달 200만 원씩 갚으면 지수는 200입니다.

(1) 주택구입부담지수에 영향을 주는 변수

K-HAI에 영향을 미치는 변수는 3가지, 소득(분모), 집값(분자), 금리(분자)라고 했습니다. 그런데 PIR 과 마찬가지로 K-HAI도 소득은 영향을 거의 못 미칩니다. 중간 가구의 평균소득이 오르는 속도보다 집값과 금리의 변동성이 워낙 크기 때문입니다.

그렇다면 금리와 연관성이 강할까요? 매일 같이 뉴스에서 금리, 금리 하니까 금리와 연관성이 강한 것처럼 여겨집니다. 하지만 데이터를 살펴보면 뚜렷한 상관관계를 찾기 어렵습니다.

아래에서 서울의 K-HAI 데이터와 그것에 영향을 주는 서울 아파트 매매가격 지수와 한국은행 기준금리를 순차로 비교해 보겠습니다.

| 그림 18 · 19 · 20 |

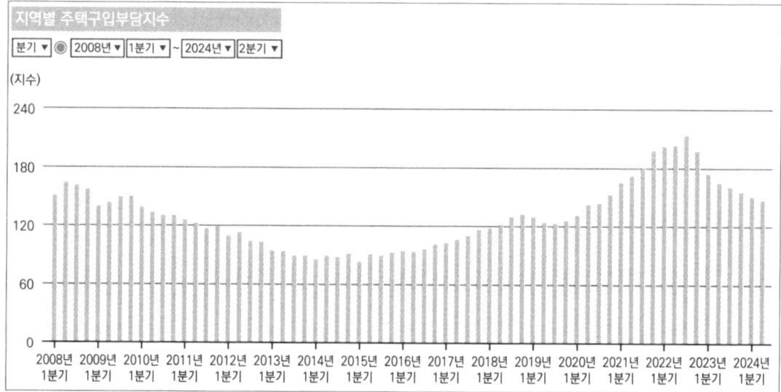

출처: 주택금융통계-통계DB-간편통계-지역별 주택구입부담지수

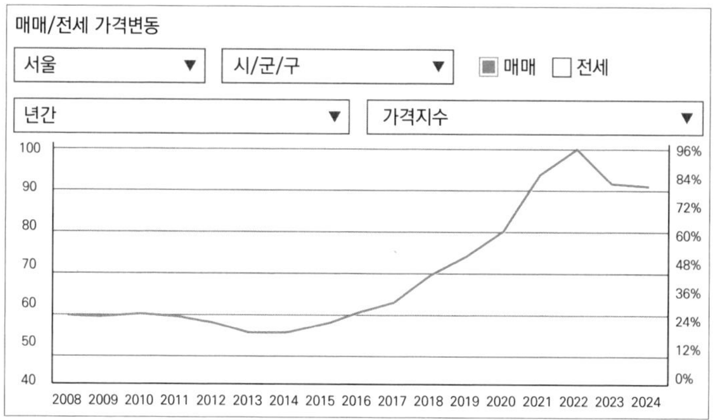

출처: 아실

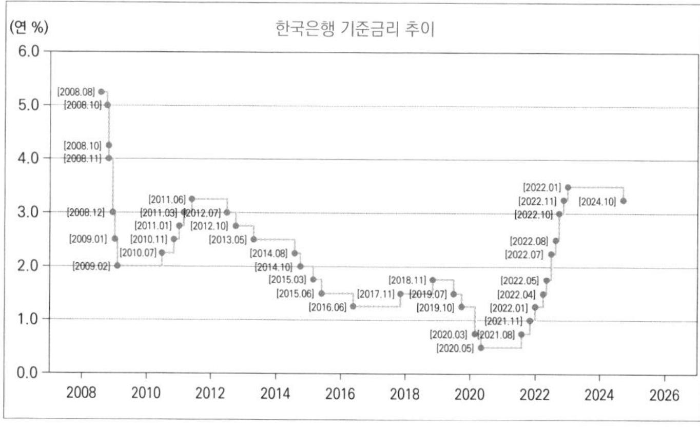

출처: 한국은행(2024년 11월 기준)

서울의 K-HAI 데이터와 그것에 영향을 주는 서울 아파트 매매가격 지수와 한국은행 기준금리를 순차로 비교해 보겠습니다.

어떤가요? 직관적으로 알 수 있듯이, K-HAI는 금리보다 집값 자체와 연관성이 높습니다. 금융위기 이후 금리를 급격히 내린 2008-2009년, K-HAI도 금리를 따라 급감하지 않고 서울 아파트 가격과 비슷하게 안정된 것을 알 수 있습니다. 또한 2010-2011년에는 금리를 올렸지만, 여전히 K-HAI는 금리를 따라가지 않았습니다.

반대로 2016년부터 2021년까지 금리를 계속 내렸지만, 가격이 폭등하자 K-HAI도 가격을 따라 폭등한 것을 알 수 있습니다. 코로나가 끝난 2022년 한 해 동안 금리는 엄청나게 올랐지만, K-HAI는 가격과 함께 정점을 찍고 오히려 떨어진 것을 알 수 있습니다.

정리하면, K-HAI는 가격 자체와 연관성이 강하지, 금리와 연관성이 크지 않습니다. 금리는 주택 가격의 결정 요소로서 수요에 영향을 줍니다. 급격한 변동이 있을 때 수요에 충격을 줌으로써 간접적으로 영향을 주긴 하나, 우리나라 아파트 투자 수요는 전세를 끼고 매입하는 형태가 많으므로 금리와 무관합니다. 실수요자라고 하더라도 가격 상승기에는 아무리 금리가 비싸도 무리한 대출을 받아서 집을 삽니다. 금리는 가격 상승기에 영향을 거의 못 미치고, 하락기에 일부 영향을 주는 정도에 불과하므로 언론에서 주목하는 것처럼 큰 변수가 되지 않습니다.

요약하면 K-HAI는 금리보다 가격 자체와 연관성이 깊습니다. 사람들이 주택 구입에 부담을 느끼는 정도는 금리, 소득보다 가격 자체에 달려 있다는 것입니다.

(2) 어느 정도면 싸다고 볼 수 있는가(K - HAI)

구체적으로 서울 아파트를 기준으로 K-HAI를 살펴봅니다. PIR과 마찬가지로 특정 시점이 아니라 기간 변화를 추적해야 합니다. 장기 평균 선에 비추어 수치가 내려올 때 싸다고 평가할 수 있습니다. 다시 한번 K-HAI 데이터를 보겠습니다.

| 그림 21 |

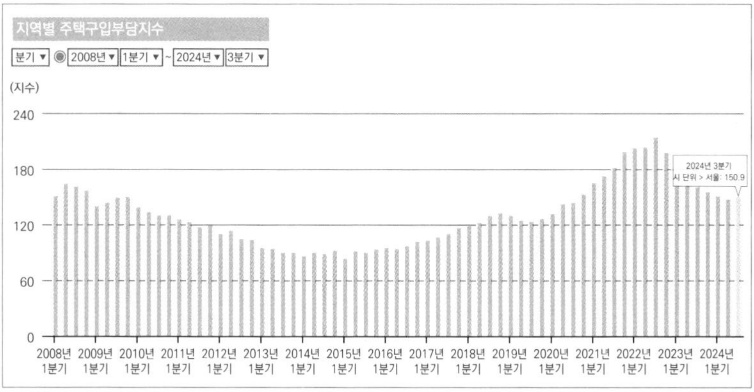

출처: 주택금융통계-통계DB-간편통계-지역별 주택구입부담지수

2024년 3분기 기준 150.9를 기록합니다. 소득에서 원리금 부담이 37.5% 정도 된다는 뜻입니다. 참고로 최고점은 2022년 3분기, 214.6이었습니다. 현재는 최고점에 비해 상당히 떨어졌지만, 완전히 부담을 벗었다고 말하기는 어려운 수준입니다. 서울 아파트 기준, 장기 평균을 봤을 때, 120 이하면 적정 수준으로 볼 수 있습니다. 감당 가능한 수준으로 내려왔다는 뜻이며, 바꿔 말하면 싸다고 평가되는 시기로 볼 수 있습니다.

앞으로는 어떻게 될까요? K-HAI는 소득이나 금리보다 가격 자체에 영향을 받는다는 것을 기억해야 합니다. 금리가 내린다고 갑자기 내려가지 않습니다. 향후 아파트 가격이 내리느냐, 오르느냐에 따라 부담 정도가 달라질 것입니다. PIR과 마찬가지로 주택구입부담지수(K-HAI)는 구매자 입장에서 부담 정도를 나타내는 지표이므로 부동산의 저평가 여부를 판단하는 지표로 활용할 수 있습니다.

주택구입물량지수(K-HOI): K-HAI와 구별

$$\text{K-HOI} = \frac{\text{중위소득 가구가 구입 가능한 주택물량}}{\text{전체 주택물량}} \times 100$$

*K-HOI(Korea-Housing Opportunity Index, 주택구입물량지수)

K-HAI 만큼 자주 쓰이진 않지만, 비교 데이터로 주택구입물량지수(K-HOI)가 있습니다. 전체 주택 중에서 중위소득 가구가 구입 가능한 주택의 비율을 의미합니다. 산출방식은 위와 같습니다. 지수가 오를수록 구입 가능한 물량이 많다는 뜻입니다. 부담이 적다는 뜻이죠. K-HAI와 반대입니다.

예를 들어, 서울의 K-HOI가 25라면, 서울의 중간소득 가구가 자기자본과 대출을 합쳐서 서울 아파트 중에서 25%에 해당하는 아파트를 구입할 수 있다는 뜻입니다.

(1) 서울 아파트는 어느 정도일까(K - HOI)

| 그림 22 |

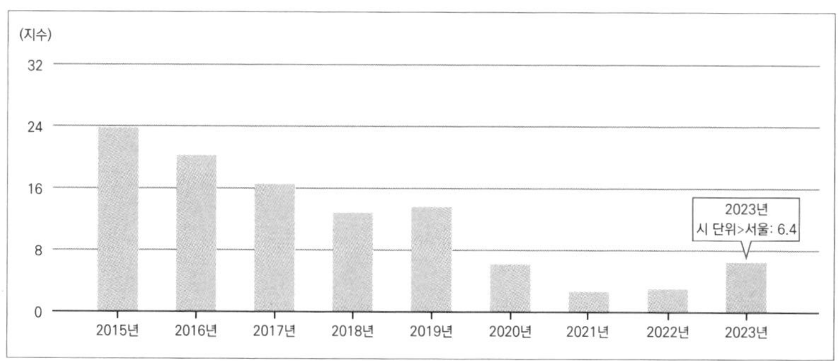

데이터에서 보듯, 2015년만 하더라도 23.8이었습니다. 서울 아파트 100채 중에서 23채를 구매할 수 있었다는 뜻입니다. 그만큼 가격이 싸다고 평가된 시기입니다. 그런데 2023년 기준으로 서울은 6.4로서 2020년과 비슷한 수준입니다. 서울의 중위소득 가구가 자기자본과 대출을 합쳐서 구입 가능한 물량이 서울 아파트 100채 중에서 6채 정도밖에 안 된다는 것입니다. 장기 평균과 비교했을 때 현재는 여전히 부담된다고 말할 수 있습니다. K-HAI 와 같은 수준으로 평가할 수 있습니다.

(2) K - HAI, K - HOI 한눈에 비교하기

주택구입부담지수, 주택구입물량지수는 다음과 같이 비교할 수 있습니다. 둘 다 주택 구입의 부담 정도를 나타내지만, 지수의 해석은 반대입니다.

구분	K-HAI (주택구입부담지수)	K-HOI (주택구입물량지수)
변수	금리, 소득, 가격	금리, 소득, 가격, 주택 재고, 가계 순자산
해석	낮을수록 주택 구입 쉬움	높을수록 주택 구입 쉬움
주기	분기	연간

전세가율 및 전세가격

가격이 싼지 비싼지를 판단하는 세 번째 데이터입니다. 전세가율입니다. 개인적으로 세 가지 중에서 가장 중요한 데이터라고 생각합니다. PIR, K-HAI가 구매력과 연관되어 있다면, 전세가율은 구매력뿐만 아니라 가치와 가격의 차이까지 알 수 있는 지표이기 때문입니다. 전세는 우리나라에 고유한 거래 방식이므로 전세가격, 전세가율 데이터도 우리나라에만 존재합니다. 바로 이 전세가율이 투자시점과 저평가를 가늠하는 바로미터가 되는 경우가 많습니다.

전세가율을 보기 전에 그것의 변수가 되는 매매가격과 전세가격의 움직임 차이를 먼저 알아야 합니다. 앞 장 언제 살 것인가에서 매매가격과 전세가격의 특징과 관계에 대해 살펴봤는데요. 이번에는 구체적인 데이터를 가지고 매매가격과 전세가격의 움직임 차이를 보겠습니다.

| 그림 23 | **매매가격과 전세가격의 움직임 차이**

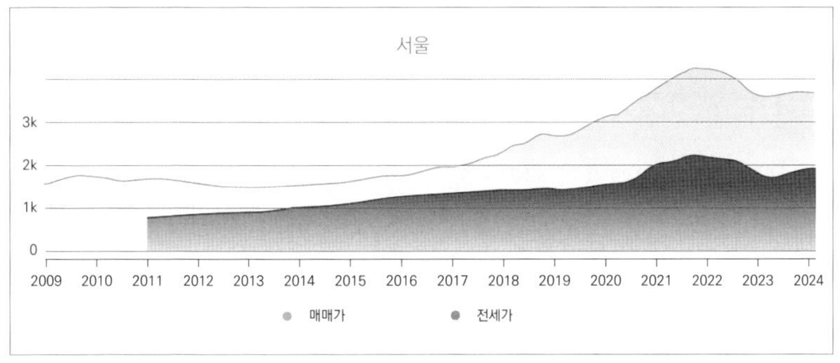

출처: 부동산 지인

서울 아파트의 매매가격과 전세가격의 움직임입니다. 같은 듯 다릅니다. 코로나 전후를 거쳐 폭등과 폭락 곡선은 유사하지만, 길게 보면 매매가는 횡보하는데 전세가격이 완만히 오르는 경우도 있고(2011-2015), 전세가에 비해서 매매가가 훨씬 가파르게 오르는 기간도 보입니다(2016-2021).

가장 중요한 차이는 매매가에는 실수요 외에 투자수요가 반영되는 반면, 전세가에는 실수요만 반영된다는 것입니다. 그래서 매매가는 전세가에 비해 변동이 심합니다. 오를 때 많이 오르고 떨어질 때도 그렇습니다.

하지만 전세가는 매매가에 비해 안정적으로 우상향합니다. 공급물량이 많으면 지역적으로 떨어질 때도 있지만, 전국적으로 전세가격이 다 같이 떨어지는 경우는 흔치 않습니다. 위 데이터를 보면 알 수 있습니다. 임대차 3법과 코로나 시기 과잉 유동성으로 인한 급등과 급락을 제외하면 매매가에 비해 완만한 것을 알 수 있습니다. 앞 장에서 설명했지만, 여기서 한 번 더 비교하는 이유는 지금부터 얘기할 전세가율 때문입니다.

(1) 전세가율이 무엇이며 왜 중요한가

전세가율은 매매가 대비 전세가의 비율입니다. 예컨대 어떤 아파트의 매매가가 10억, 전세가가 6억이면 전세가율은 60%입니다. 개별 아파트별로 구할 수도 있고 지역 평균으로 구할 수도 있습니다. 이처럼 전세가율의 개념 자체는 매우 단순합니다.

그렇다면 투자 판단에 있어 전세가율이 왜 중요할까요. 바로 실수요와 투자수요를 비교할 수 있기 때문입니다. 매매가에는 투자수요와 거주수요가 함께 반영된다고 했습니다. 미래에 가격이 오를 것 같아서도 사지만, 현재 거주하기 위해서 사기도 합니다. 미래가치와 현재가치가 가격에 함께 반영된 것입니다. 그런데 전세를 투자 목적으로 사는 사람은 없습니다. 그래서 전세가에는 실수요이자 현재가치만 반영됩니다.

결론적으로 매매가 대비 전세가의 비율을 뜻하는 전세가율을 보면, 실수요 대비 투자수요가 얼마나 포함되어 있는지 알 수 있는 것입니다. 해당 지역 부동산에 가수요, 거품이 얼마나 껴있는지 판단할 수 있고, 반대로 말하면 가치 대비 가격이 싼지 비싼지를 가늠할 수 있는 것입니다.

(2) 전세가율이 내 집 마련 또는 투자 판단에 갖는 의미

전세가율은 매매가 대비 전세가의 비율이므로, 매매가가 내리고 전세가가 오르면 전세가율은 급격히 오릅니다. 매매가가 안정되는데 전세가가 오르면 전세가율은 완만히 오릅니다. 반대로 전세가가 안정되는데 매매가가 오르면 전세가율은 낮아집니다. 공식에 분모, 분자만 대입하면 간단히 구할 수 있습니다. 앞서 언급한 서울 아파트의 매매가격, 전세가격 지수를 전세가율과 비교해서 다시 한번 살펴보면 아래와 같습니다.

| 그림 24 |

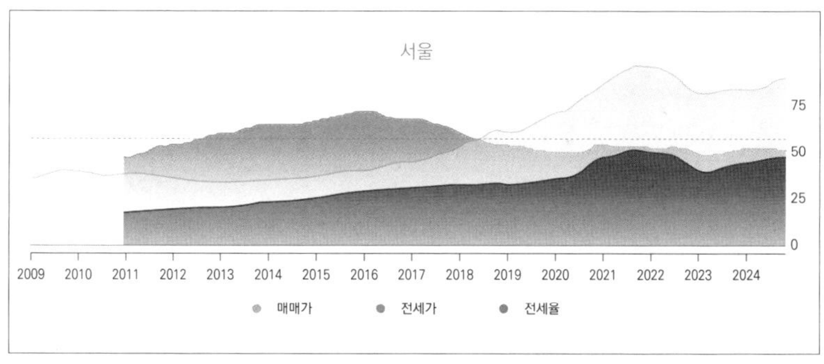

출처: 부동산 지인

색칠된(●) 부분이 전세가율입니다. 매매가(●)와 전세가(●)의 차이가 작은 시점이 전세가율이 평균보다 높은 시점이고(2014-2018), 매매가와 전세가의 차이가 벌어지는 시점이 평균보다 낮은 시점입니다(2012년 이전, 2019년 이후). 전세가율의 개념으로 보나 데이터로 보나 당연한 결론입니다.

중요한 것은 전세가율의 방향입니다. 전세가는 매매가의 하방지지선 역할을 하기 때문입니다. 대체로 사람들이 선호하는 지역과 아파트라면 매매가가 전세가보다 내려가는 경우는 없습니다. 매매가는 전세가와 달리 실수요 외에 투자수요가 함께 있다고 했습니다. 그래서 만일 매매가가 전세가에 가까워져서 전세가율이 높아진다면 더 이상 매매가는 내려가기 힘들다는 것을 알 수 있습니다. 바꿔 말하면, 부동산을 가치 대비 싸게 살 수 있는 시점에 가까워지는 겁니다.

(3) 전세가율이 높아지는 두 가지 경우

앞서 언급했듯이, 전세가율이 높아지는 경우란 크게 두 가지로 볼 수 있습니다. 매매가가 내려서 전세가에 붙는 경우와 반대로 전세가가 올라서 매매가에 붙는 경우입니다. 매매가가 내려서 전세가에 붙을 때는 매매가는 떨어질 만큼 떨어졌으니 바닥을 치고 전환될 가능성이 있는 반면, 전세가가 올라서 매매가에 붙을 때는 앞으로 투자 수요에 불이 붙을 수 있다는 의미입니다.

후자의 경우, 매매가가 빠르게 상승할 준비를 마친 것일 수 있습니다. 다르게 표현하면, 가치 대비 가격이 싸다고 평가되는 시점이기도 하고, 매매가와 전세가의 차액인 갭이 줄어서 투자자가 들어오는 시점이기도 합니다. 투자 수요가 가세하면 가격 변동성이 커지고, 서울과 같은 핵심지역의 경우 그동안 누적된 인플레이션 압력을 만회하듯 가파르게 상승합니다.

실제 [그림 24]에서 확인해도 그렇습니다. 매매가가 오랫동안 하락 또는 횡보했지만, 전세가가 야금야금 매매가에 접근하기 시작하여, 전세가율이 최고점을 기록한 2015년부터 서울 아파트 매매가격은 가파르게 상승하는 것을 알 수 있습니다. 2015년 7월 서울 아파트 평균 전세가율은 무려 70%에 육박합니다. 서울 평균이 이 정도 수준이면 지역적으로 개별 아파트의 전세가율은 80% 이상도 있다는 뜻이며, 바꿔 말하면 매매-전세 차액인 20% 자금만 있으면 투자가 가능하므로, 막대한 투자 수요를 불러일으키는 것입니다. 그 후에 무슨 일이 있었는지는 모두가 압니다. 서울 아파트는 이때부터 2021년 말까지 무려 7년간 역대 최장기간 상승을 기록하면서 폭등장으로 이어졌습니다.

(4) 전세가율은 전세가격과 함께 봐야 한다.

그럼 전세가율이 높은 부동산이 항상 좋은 것일까요? 그렇지 않습니다. 전세가율은 반드시 전세가격과 함께 봐야 합니다. 앞서 전세가는 매매가와 달리 실수요만 존재하고 현재가치만 반영된다고 했습니다. 전세가격이 높은 곳은 앞으로 매매가격이 오를지, 내릴지 무관하게, 현재 사람들이 주거용으로 선호하는 입지와 상품을 정확히 반영합니다. 현재 우리나라에서는 어디일까요? 당연히 강남 아파트가 전세가격이 가장 비쌉니다. 이렇듯 매매가격과 달리 전세가격은 해당 부동산의 본질 가치를 가늠할 수 있는 데이터입니다.

전세가율은 매매가 대비 전세가의 비율만을 뜻하므로, 전세가격이 객관적으로 높은 것과는 다릅니다. 대체로 좋은 입지일수록 전세가율이 낮습니다. 전국에서는 서울이 평균 전세가율이 가장 낮으며, 서울 안에서도 강남, 서초구가 가장 낮습니다. 반대로 지방 소도시일수록, 핵심지역에서 벗어날수록 전세가율이 높습니다. 상품으로 봐도 아파트보다 오피스텔, 빌라의 전세가율이 높습니다. 사람들에게 선호도가 낮은 지역과 상품일수록 전세가율은 '원래', '항상' 높은 경향이 있습니다. 실수요 외에 가수요가 안 붙기 때문입니다. 미래 가치가 반영되기 힘들고 투자처로서 인기가 없는 것입니다.

그래서 핵심은 전세가격을 기준으로 부동산의 사용 가치를 평가한 뒤, 가치가 높은 부동산의 전세가율이 과거보다 높아지는 타이밍을 보는 것이 중요합니다. 즉, 전세가격이 저량(stock)의 관점에서 입지 간 상대적 비교를 통해서 부동산의 사용 가치를 보는 기준이라면, 전세가율은 유량

(flow)의 관점에서 변화의 흐름을 보는 것이 중요합니다.

정리하면, 전세가율이 항상 높은 지역과 매물을 찾는 것이 아니라, 원래는 낮은 곳인데 높아지는 때를 보는 것이 중요하다는 뜻입니다. 이것이 바로 좋은 부동산을 싸게 사는 것이라고 할 수 있습니다.

(5) 전세가율, 구체적인 데이터로 살펴보기

부동산 가격은 권역별로 움직입니다. 전세가율도 마찬가지입니다. 그래서 지역 간 데이터를 상호비교하기보다는 하나의 지역을 정해놓고 평균과 변화의 흐름을 보는 것이 중요합니다. 아래 서울 아파트의 평균 전세가율 데이터를 보겠습니다.

| 그림 25 |

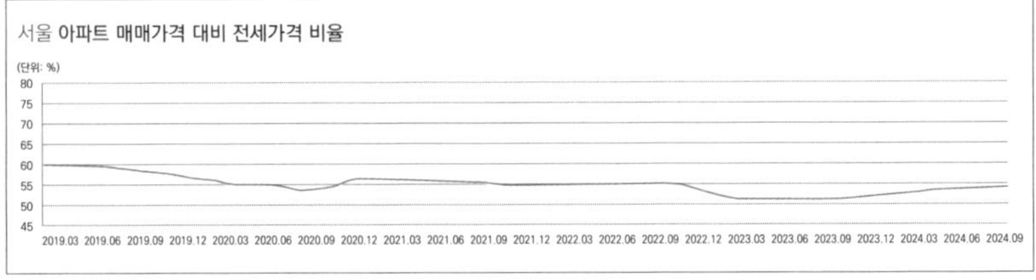

출처: KB 부동산

서울 아파트 기준, 전세가율의 장기 평균은 약 50% 내외입니다. 앞서 언급한 대로 가장 높았던 시점의 전세가율은 70% 내외였습니다. 2015년 하반기가 여기에 해당합니다. 현재는 약 54% 수준입니다(2024년 12월 기준).

일반적으로 서울 평균 전세가율이 65% 이상이 되면 전세가가 매매가를 밀어 올릴 가능성이 있다고 봅니다. 투자자 입장에서는 매매-전세 차액이 줄어들면 그만큼 현금이 적게 들기 때문에 투자를 감행하는 것입니다. 부동산 가격은 실수요보다는 투자 수요에 따라 변동성이 커집니다. 전세가율이 높아져 투자 수요가 붙으면 곧 매매가격도 올라갈 가능성이 높다는 것입니다.

주의할 것은 서울 안에서도 지역별 평균 전세가율이 다르고 수도권과 지방은 완전히 다르다는 점입니다. 자신이 살고 있는 지역, 원하는 지역의 평균을 알고, 현재 어느 수준인지 확인할 필요가 있는 이유입니다.

지금까지 PIR, K-HAI, 전세가격과 전세가율에 대해 알아봤습니다. 이들 지표는 부동산을 얼마나 싸게 살 수 있는지, 소득 대비 또는 가치 대비 저평가를 판단하는 지표에 해당합니다. 투자의 본질은 싸게 사는 것이므로, 얼마에 살 것인지는 이 책에서 언급한 질문 중에서 가장 중요한 질문입니다. 그리고 얼마에 사는지는 앞 장에서 언급한 언제 사는지와 연관되어 있습니다. 요컨대, 부동산을 잘 사는 법칙은 가격이 싼 시점에(언제), 가격이 싸다고 평가될 때(얼마에) 과감하게 매수하는 것임을 잊지 말아야 합니다.

• 제4장 핵심요약

투자의 본질은 싸게 사는 것이다. 싸게 산다는 것은 본질가치 대비 가격이 저렴하다는 것을 의미한다. 모든 가격은 자산의 본질가치로 회귀하는 속성이 있다. 하지만 경제상황에 따라 가격과 가치가 분리될 때가 있는데, 이런 때를 파악하는 것이 저평가를 판단하는 것과 연관된다. 그래서 얼마에 살 것인가는 언제 살 것인가와 연관된다.

부동산의 저평가를 판단하는 기준으로 PIR, K-HAI, 전세가율이 있다. PIR은 소득 대비 주택가격 비율을 뜻하며, 소득과 가격 변수에 따라 움직인다. 소득보다 가격 변동이 훨씬 크기 때문에 PIR도 소득보다 가격에 따라 크게 움직인다. 주의할 것은 PIR 데이터는 출처 간 상호비교하면 안 된다. 데이터를 제공하는 출처마다 PIR 변수인 소득과 가격을 다른 기준으로 잡기 때문에 결괏값도 다르게 나오기 때문이다. 하나의 출처를 기준으로 지수 변화의 흐름을 봐야 한다. 이런 것을 전제했을 때 서울 아파트 기준 2015년 전후 2-3년의 PIR 수치가 소득 대비 가격이 싸다고 평가된다.

K-HAI는 주택구입부담지수다. PIR과 다른 점은 금리 변수가 추가되어 대출 원리금을 감안한 실질적 부담 정도를 나타낸다는 점이다. K-HAI의 변수는 소득, 금리, 가격이지만, 소득보다 가격 변동성이 큰 것은 PIR과 동일하다. 심지어 금리도 가격에 비해서는 K-HAI에 영향을 별로 못 미친다. 결국 K-HAI 도 PIR과 마찬가지로 가격에 따라 결괏값이 크게 달라진다. K-HAI를 기준으로 봤을 때도 서울 아파트 기준 2015년 전후 2-3년이 저평가된 시점으로 평가할 수 있다. 다른 재화와 달리 주택 가격을 평가할 때 소득 변수를 고려하는 이유는 유효수요 때문이다. 부동산은 사고 싶은 수요가 중요한 게 아니라 살 수 있는 수요가 중요하기 때문이다. 유효수요에 따라 가격 방향성이 달라지므로 PIR, K-HAI가 저평가 판단의 기준이 되는 것이다.

다음으로 전세가율이 있다. 전세가율은 매매가 대비 전세가의 비율을 뜻한다. 매매가는 실수요 외에 투자 수요가 있지만 전세가는 실수요만 있기 때문에, 매매가는 등락이 심하고 전세가는 안정적인 특성이 있다. 투자수요가 몰리고 빠지는 시기에 따라 매매가와 전세가의 차이가 벌어졌다 좁혀지는 것을 반복하며 이것이 전세가율 데이터가 변하는 이유다. 전세가율을 통해서 특정 시점, 특정 지역에 가수요, 거품이 얼마나 있는지 알 수 있다.

핵심지 아파트 기준으로 매매가는 전세가 밑으로 떨어지지 않으며 전세가가 하방지지선 역할을 한다. 그래서 매매가와 전세가 차이가 별로 없고 전세가율이 높아진 시점은, 갭이 작아서 투자 수요가 들어오기 좋은 시점과 연관되고, 곧 매매가가 방향을 튼다는 뜻이다. 다시 말해 부동산을 매수하기 좋은 시점이 된다.

주의할 것은 사람들이 선호하지 않는 지역과 물건일수록 항상 전세가율이 높다. 사용가치에 비해 투자가치가 거의 없다는 뜻이기 때문이다. 반대로 좋은 입지, 우량자산일수록 전세가율이 원래 낮다. 투자 수요가 풍부하다는 뜻이기 때문이다. 그래서 전세가율은 전세가격과 함께 봐야 한다. 전세가격이 높은 지역은 원래 사용가치가 높은 지역이고, 전세가격이 낮은 지역은 사용가치가 낮은 지역이다.

전세가율이 높은 지역이라고 무조건 좋은 것이 아니라, 전세가격이 높은 지역에서 전세가율이 높아지는 타이밍을 보는 것이 중요하다. 전세가격은 입지의 관점에서 봐야 하고, 전세가율은 타이밍과 저평가의 관점에서 봐야 한다. 전세가격은 저량의 관점에서, 전세가율은 유량의 관점에서 파악해야 한다.

서울 아파트 기준 2015년 7월의 평균 전세가율이 70%이다. PIR, K-HAI와 마찬가지로 2015년 전후 2-3년이 전세가율이 높았던 때이며, 다르게 말하면 가치 대비 가격이 저렴한 때였다고 볼 수 있다. 일반적으로 서울 평균 전세가율이 65% 이상이 되면, 투자 수요가 들어오는 시점으로 본다. 전세가가 매매가를 밀어 올려서 매매가가 상승할 가능성이 높다고 평가한다.

Q&A 변호사님 궁금해요!

Q PIR 데이터가 출처마다 다르다고 하셨는데, 왜 이런 현상이 일어나는 건가요?

PIR 산출방식 때문입니다. PIR은 소득 대비 주택가격 비율인데, 분모인 소득을 어떤 기준으로 정할지, 분자인 주택가격도 어떤 지역, 어떤 주택을 기준으로 하는지에 따라 달라지기 때문입니다.

특정 지역의 소득을 기준으로 하더라도 주소지인지 원천징수지인지, 평균 소득인지 중위 소득인지에 따라 전혀 다른 데이터가 나옵니다. 주택 가격도 아파트 가격만 포함하는지, 담보대출을 받은 아파트 가격만 포함하는지, 평균값인지 중윗값인지에 따라 전혀 다르죠.

그래서 PIR은 숫자 자체에 집중하지 말고 지수로서 흐름을 봐야 합니다. 출처 간 데이터를 상호 비교하기보다 하나의 출처를 고정해 놓고 과거와 현재를 비교하면서 과거에 비해 현재 어느 정도 수준인지 비교하는 것이 좋습니다.

Q 이번 장에서 세 가지 데이터를 봤는데요. 이들 데이터의 과거와 현재를 비교하면서, 저평가되는 구간에 진입했는지 알 수 있다고 하셨습니다. 그런데 미래에도 과거와 같은 상태가 온다고 단정할 수 있나요? 이번에 안 사면 영원히 못 산다고 두려움을 느끼는 사람도 많습니다.

이번에 안 사면 영원히 못 산다고 말하는 이들은 거래를 일으킬 목적을 가진 세력인 경우가 많습니다. 과거와 비교했을 때 미래에도 구체적인 숫자까지 똑같지는 않더라도 비슷한 상태는 돌아올 수밖에 없습니다. 가격은 유효수요가 결정하기 때문입니다.

현 시점에 비싸진 부동산 가격이 영원히 비싸지기만 할 수는 없습니다. 아무리 비싸더라도 계속 사줄 사람이 있어야 가격이 오르는데, 그럴 수는 없기 때문입니다. 이처럼 부동산 가격은 사고 싶은 사람보다 살 수 있는 사람, 다시 말해 유효수요가 결정합니다. 유효수요에 영향을 주는 것이 가격이고, 소득이며, 대출이고, 금리입니다(PIR, K-HAI).

현재 가격이 소득 대비 비싼 구간에 있다면 다시 싼 시점으로 내려와야만 사람들이 매수할 수 있고, 매수한 가격이 기준점으로 세팅되는 과정을 부동산 시장은 늘 반복할 수밖에 없습니다. 그래서 PIR, K-HAI도 영원이 오르기만 할 수는 없는 것입니다.

전세가율을 기준으로 보더라도 마찬가지입니다. 모든 가격은 자산의 본질 가치로 회귀하게 되어 있습니다. 단기적으로 등락이 있더라도 장기적으로는 가격은 가치에 따라갑니다. 부동산은 이중적 성격을 가집니다. 필수재로서의 가치, 투자재로서의 가치가 있는데, 후자가 가격 변동에 영향을 준다고 했습니다. 시기에 따라 투자수요가 몰려서 전세가율이 내리기도 하고(전세가격 대비 매매가격의 급등), 투자수요가 빠져서 전세가율이 오르기도 하지만(전세가격 대비 매매가격의 급락), 결국 오르면 내리고, 내리면 오르는 것은 반복될 수밖에 없습니다. 가치와 무관하게 영원히 가격만 오르는 것은 자산시장에서 있을 수 없습니다.

그래서 이번에 안 사면 영원히 못 산다는 말은, 시장에 대한 논리적이고 경험적인 평가가 아니라, 두려움과 공포를 이용하여 거래를 일으키려는 세력이 한 말이라고 얘기하는 것입니다. 반드시 주의하세요. 이번에 안 사면 영원히 못 사는 게 아니라, 이번에 잘못 사면 오랫동안 못 살 수도 있습니다. 제1장에서 때로 멈추는 것도 투자라고 얘기한 것과 일맥상통합니다. 조급해하지 말고 데이터를 보면서 기회를 찾아야 합니다.

Q 전세는 우리나라에만 있다고 했는데, 전세제도 자체가 없어진다는 말도 있습니다. 전세가 없어지면 전세-매매 차액으로 투자하는 방식도 사라질 것 같은데 어떻게 보시나요.

질문에 워딩이 잘못됐습니다. 전세제도가 아니라 전세거래라고 해야 합니다. 전세라는 제도를 법으로 강제한 적이 없습니다. 자연발생적으로 생겨난 거래일뿐입니다. 전세거래는 우리나라에 고유한 것은 맞습니다.

불과 몇십 년 전까지만 해도 우리나라는 개인이 은행 대출을 이용하는 문턱이 높았습니다. 주로 기업에만 대출을 해줬습니다. 그래서 집주인은 부동산을 매수하기 위해 임차인의 전세보증금을 무이자 담보로 활용하는 일종의 사금융을 이용한 것이고, 그 대가로 임차인은 월세 없이 무상으로 집을 빌려 쓸 수 있었습니다. 적은 돈으로 집을 마련하려는 임대인과, 고정비용 부담 없이 집을 사용하려는 임차인의 이해관계가 맞아떨어진 것입니다.

전세거래가 없어진다고 얘기하는 사람은 전세라는 거래 형태가 임차인에게 불리하고, 임대인의 갭투자를 부채질하기 때문에 도덕적으로 옳지 않다는 관념을 가진 경우가 많습니다. 과연 그럴까요? 그랬다면 진작 없어졌을 것입니다.

실제로 전세는 임차인에게 유리한 부분이 많습니다. 결혼한 신혼부

부가 하루빨리 목돈을 마련하여 내 집 마련을 하려면 고정비를 최소화해 종잣돈을 만들어야 합니다. 그런데 전세 없이 월세만 있다면 어떨까요? 주택 거주 비용은 가계 소비지출에서 규모가 가장 큰 비용입니다. 그래서 무주택자가 내 집 마련을 하는 중간 기착지로 전세를 선호하게 되고, 이런 전세 수요가 사라지지 않기 때문에 전세거래도 살아있는 것입니다. 그런 점에서 전세거래는 국가에서 법으로 없앨 수도 없거니와 시장에서 사라질 수도 없다고 생각합니다. 무주택자가 월세를 선택하는 것은 목돈이 없어서 어쩔 수 없이 하는 경우가 많습니다. 월세는 전세의 대체재일 뿐입니다.

Q 좋은 입지일수록 전세가율이 낮은 이유는 무엇인가요?

전세가율은 매매가 대비 전세가의 비율입니다. 전세가율이 낮다는 의미는 매매가격에 비해 전세가격이 낮다는 뜻이죠. 하지만 반대로 표현하는 것이 더 이해하기 쉽습니다. 전세가격에 비해서 매매가격이 높은 것입니다. 왜 좋은 입지일수록 전세가격에 비해 매매가격이 높을까요?

전세가는 철저히 실수요이고 사용 가치만 반영됩니다. 매매가는 실수요 및 투자수요이고 사용 가치와 투자 가치가 함께 반영됩니다. 실수요에 비해 투자수요가 높은 곳, 사용 가치에 비해 투자 가치가 높은 곳은 사람들이 투자로 많이 몰리는 곳이라는 뜻입니다. 왜 그럴까요? 맞습니다. 바로 가격 상승에 대한 기대감이 크기 때문입니다.

많은 사람이 선호하는 입지는 언제나 사람들이 투자하고 싶은 곳입니다. 나는 거기 살기 싫더라도 돈을 벌기 위해 투자하는 곳이므로 투자수요는 끊이지 않습니다. 투자수요가 워낙 풍부하다 보니 실수요에 비해 상당한 거품이 형성되고 때로 폭등하기도 합니다.

반대로 사람들이 선호하지 않는 입지, 투자수요가 들어오기 힘든 지역은 실수요자 중심으로 거래됩니다. 가격 상승에 대한 기대감이 없어 사람들이 투자하지 않고, 사용 가치만 반영되므로 전세가격에 비해 매매가격이 낮은, 전세가율이 높은 지역입니다.

때문에 부동산 매수를 위해 전세가율을 보는 것은 지역이 아니라 시점을 보는 겁니다. 같은 시점에 전세가율이 높은 지역을 찾는 것이 아니라, 선호하는 지역에서 전세가율이 높아지는 시점을 봐야 합니다. 투자 관점에서 좋은 입지는 다른 곳에 비해 전세가율이 낮은 곳이라는 점을 기억하고, 내가 원하는 지역에서 전세가율이 높아지는 시점에 매수결정을 하면 됩니다. 다시 말하지만, 언제, 얼마에 살 것인가가 어디에 살 것인가보다 우선 고려되어야 합니다.

Q 얼마에 살 것인가도 타이밍을 찾는다는 면에서 언제 살 것인가와 비슷한 것 같은데, 둘은 어떻게 구별되나요?

맞습니다. 시점을 찾는다는 면에서 얼마에 살 것인가도 언제 살 것인가와 같습니다. 프롤로그에도 언급한 바 있습니다. 그리고 이 두 가지가 가장 중요하다고도 얘기했습니다. 그런데 굳이 장을 나눠서 언급한 이유는 둘 다 때를 찾는 것은 동일하지만, 언제 살 것인가가 부동산 가격 주기상 일어나는 다양한 패턴을 알아보기 위함이라면, 얼마에 살 것인가는 가격이 저평가되었는지 판단하는 기준에 해당하기 때문입니다. 하지만 둘 다 부동산 매수에 있어 때가 중요하다는 것만 이해한다면 굳이 구별할 필요는 없습니다. 다양한 면에서 상관관계를 언급하였지만, 결국 좋은 때란 데이터상으로도 겹치는 경우가 많습니다.

예컨대 가격 주기상 전세가는 꾸준히 상승하는데 매매가는 하락하다가 최근 상승으로 방향을 틀었다면, 전세가율이 높은 시점과 연결됩니다. 이 시점은 오랜 인플레이션 압력에도 불구하고 매매가가 정체 또는 하락했음을 고려하면 소득 대비 가격, 즉 PIR이 과거에 비해 높지 않을 가능성이 높습니다. 주택구입부담지수 또한 해당 지역의 장기평균선 아래로 떨어졌을 가능성이 높습니다. 다시 말해, 집 사기 좋은 시기라는 뜻입니다. 그 시점이 언제 오는지 꾸준히 데이터를 관찰한다면 쉽게 알 수 있습니다.

Chapter 05

Real Estate

어디에 살 것인가

You Tube

제5장 어디에 살 것인가

@wesolve_lawfirm

제5장

어디에 살 것인가

부동산 입지, 건물보다 땅이다.

부동산 투자에서 중요한 것은 건물보다 땅입니다. 정확히 말하면 땅의 위치가 중요합니다. 바로 입지입니다. 그럼 입지가 좋은지는 어떻게 판단할까요? 주관적 선호는 사람마다 다를 겁니다. 하지만 대다수 사람이 공통적으로 선호하는 지역은 분명히 존재합니다. 그곳이 바로 입지가 좋은 곳으로 평가됩니다. 땅은 한정돼 있으므로 특정한 위치를 사람들이 선호할수록 수요에 경쟁이 붙고 가격은 오르게 됩니다. 물론 같은 입지라면 신축 아파트를 선호하므로 건물도 가격에 영향을 줍니다. 하지만 건물보다 땅의 위치가 가격에 절대적 영향을 준다는 점을 기억해야 합니다. 신축은 시간이 지나면 구축이 되고, 구축은 재건축으로 다시 신축이 되지만, 땅의 위치는 변하지 않기 때문입니다.

삶의 기본 요소가 입지의 요소다.

그럼 입지에 영향을 주는 요소는 어떤 것이 있을까요? 크게 네 가지 정도로 나눌 수 있습니다. 1) 일자리, 2) 교통, 3) 학교, 4) 환경입니다. 외워야 하는 공식이 아닙니다. 삶의 기본 요소를 생각해 보면 됩니다.

예컨대 부모와 자녀로 구성된 3-4인 가족이 집을 구한다고 생각해 봅시다. 1) 부모 직장이 있는 곳이거나 2) 직장까지 출퇴근이 빠르고 편한 곳이어야 합니다. 3) 자녀들 학교나 학원을 보내기 좋은 곳이어야 합니다. 4) 편의시설이 있고 자연환경이 좋은 곳이면 더 좋습니다. 사람들의 선호는 대개 비슷합니다.

입지의 본질은 시간이다.

이렇게 네 가지 기준으로 입지를 판단합니다. 이들의 공통점은 무엇일까요? 가까워야 한다는 것입니다. 가까운 것은 무엇을 의미할까요? 바로 시간을 절약하는 것입니다. 직주근접, 역세권, 학주근접, 숲세권 등은 언뜻 공간을 뜻하는 단어처럼 보이지만, 알고 보면 시간을 품은 단어입니다. 모든 사람이 선호하는 입지란 시간을 절약시켜 주는 공간을 뜻합니다. 왜 시간을 절약할까요? 시간이야말로 삶의 본질이기 때문이죠. 인생이 유한하기 때문입니다. 제레미 리프킨(Jeremy Rifkin)은 <회복력 시대>에서 "사람들의 시간에 대한 욕구는 영생에 대한 욕구와 맞닿아 있다."라고 했습니다. 인생에서 시간보다 소중한 자원은 없습니다.

결국 입지란 삶에서 중요한 영역에 얼마나 빠르게 갈 수 있는지, 불필요한 시간을 얼마나 줄여줄 수 있는지, 이를 통해 나에게 얼마나 자유 시간을 돌려줄 수 있는지와 연관됩니다.

부는 시간이고 시간은 입지다.

저는 제1장, 왜 살 것인가에서 부는 시간이라고 했습니다. 자본주의 사회에서 부를 얻으면 하기 싫은 일을 안 할 수 있습니다. 이는 곧 자신에게 의미 있는 시간을 선물하는 것과 같습니다. 돈을 벌고 투자를 하는 것도 결국 자유 시간을 얻기 위한 노력입니다. 마찬가지로 현재 대한민국에서 시간 가치가 가장 높은 곳이 가장 비싼 곳이고, 부가 모여 있는 곳이라니 뭔가 연결되지 않나요? 그곳이 어디인지는 모두가 알죠. 맞습니다. 바로 강남입니다.

강남 아파트가 비싼 진짜 이유

강남 아파트가 평당 1억을 넘었습니다. 국민평형 기준 30억이 넘습니다. 이렇게 비싼데 왜 사려는 사람이 많을까요? 만약 이 글을 읽는 분에게 현금 30억이 있다면 강남 아파트를 살 것인가요?

질문을 바꿔 보겠습니다. 얼마 전 유명 제약사에서 평균 수명을 10년 늘려주는 신약을 개발했습니다. 안전성과 효과성이 모두 검증되었고 시장에 출시했다고 가정합시다. 4인 가족이 함께 구매하면 30억이라고 합니다. 만일 당신에게 현금 30억이 있다면 구매하시겠습니까? 일부는 대출을 받아서 살 수 있습니다. 구매 후 타인에게 양도할 수도 있습니다. 이렇게 묻는다면 어떨까요?

<인타임>이라는 영화가 있습니다. 영화에선 모든 돈이 시간으로 계산됩니다. 일을 하면 시간을 벌고, 밥을 사 먹으면 시간을 잃습니다. 각자 손목에 부착된 시계에는 죽음까지 남아있는 시간이 실시간으로 움직입니다. 부자들에게는 영생에 가까운 시간이 있는 반면, 가난한 사람은 하루 벌어 하루를 삽니다. 문학적 표현이 아니라 실제로 그렇습니다.

유한한 인생에서 시간을 아낀다는 것은 어떤 면에서는 수명을 늘리는 것과 같다는 생각입니다. 자신에게 의미 있는 시간을 선물하는 거니까요. 강남 아파트의 가치도 시간 절약에서 찾을 수 있습니다.

강남은 우리나라에서 일자리가 가장 많은 곳입니다. 서울의 3대 업무지구인 강남, 도심, 여의도 중에서도 압도적으로 많습니다. 일자리가 많으니 출퇴근 시간을 절약합니다. 하루 일과의 대부분을 차지하는 직장까지 가까우니까 삶에서 가장 소중한 시간을 절약하는 셈입니다. 우수한 학교, 학원이 모여 있으니 통학 시간이 절약되고, 부모가 자녀를 라이딩하는 시간도 절약됩니다. 국내 최고의 상권과 백화점, 편의시설이 모여 있으니 쇼핑 시간이 절약됩니다. 결국 삶에서 중요한 시간이 모두 절약되므로 가치가 제일 높습니다.

알긴 아는데 돈이 없으니까 못 사는 거죠. 대다수가 이럴 겁니다. 강남 아파트는 대한민국 부의 상징과 같은 곳이라 설명 차원에서 먼저 얘기했을 뿐입니다. 각자의 여건과 상황에 맞게 충분히 좋은 부동산을 살 수 있습니다. 그럼 어디에 살 것인가요? 지금부터 본격적으로 입지의 개별요소에 관해 알아봅니다.

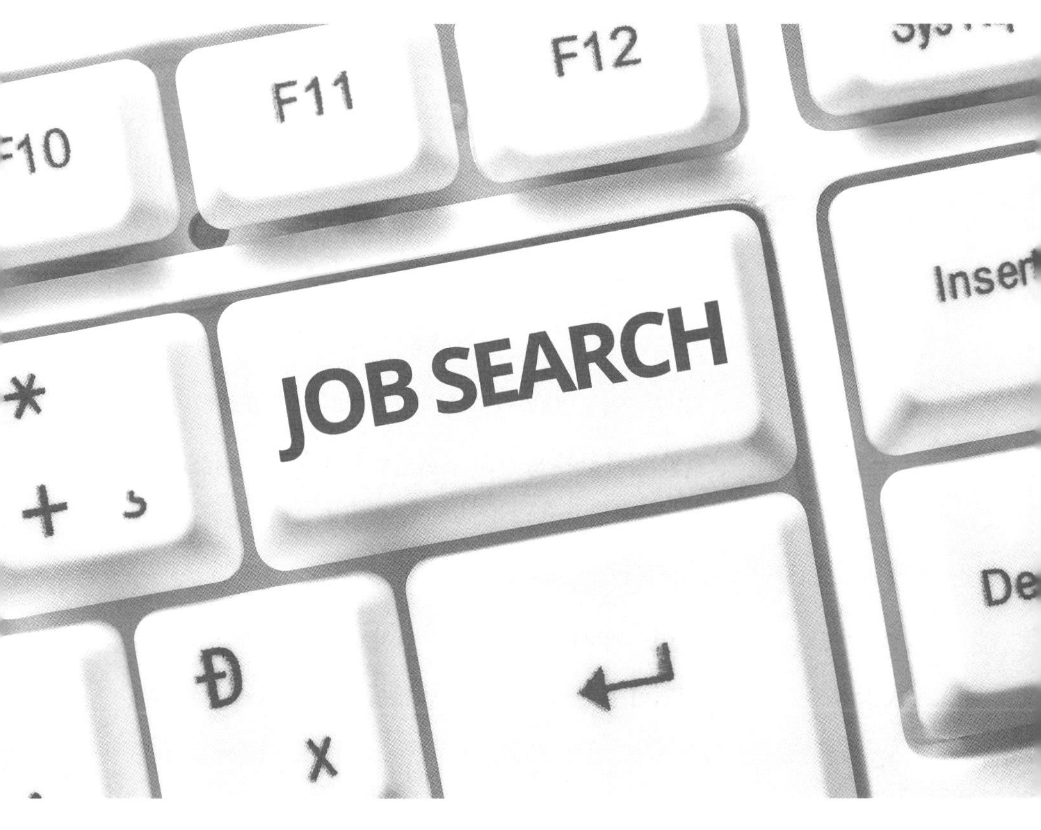
F10
F11
F12
Insert
JOB SEARCH
De

가장 중요한 것은 일자리

가장 중요한 것은 일자리가 많은 곳이라고 했습니다. 먹고 사는 문제가 제일 중요하니까요. 직장이 많은 곳이 수요가 풍부해서 가격도 높습니다. 서울 3대 업무지구는 강남 GBD, 도심 CBD, 여의도 YBD입니다. 마곡, 가산/구로, 상암도 있습니다. 경기도로 범위를 넓히면 판교, 동탄과 같은 경기 남부 벨트도 있습니다.

일자리는 고용노동부 통계에서 종사자 수로 표시됩니다. [국가통계포털, KOSIS]에서 지역별 종사자 수를 확인할 수 있습니다. 지역별 종사자 수가 많은 곳이 일자리가 많은 곳입니다. 막연한 추측이 아니라 구체적인 데이터를 살펴보면, GBD로 일컫는 강남권 종사자 수가 도심, 여의도에 비해서도 압도적으로 많은 것을 알 수 있습니다.

종사자 수 외에 500인 또는 1,000인 이상의 사업체 수도 확인할 수 있습니다. 이것은 양질의 일자리가 있는지를 확인하는 지표입니다. 500인 또는 1,000인 이상 대규모 종사자가 있는 사업체라면 흔히 사람들이 선호하는 대기업을 의미합니다. 앞서 종사자 수가 일자리의 양적 지표라면, 500인 또는 1,000인 이상의 사업체 수는 질적 지표입니다. 참고로 일반 사업체 수는 1인 자영업이 포함되기 때문에 일자리 판단에 통계를 왜곡할 수 있습니다.

(1) 종사자 수와 인구수를 비교하면 지역의 성격이 나온다.

종사자 수는 인구수와 비교해야 합니다. 지역마다 인구수가 다르기 때문입니다. 경기도나 지방은 물론이고, 서울 안에서도 각 구별로 종사자 수와 인구수의 비율이 다릅니다. 지역별 종사자 수와 인구수를 비교하면 해당 지역의 성격을 알 수 있습니다.

인구수 대비 종사자 수 비율이 높은 곳은 자족도시의 기능을 갖춘 곳입니다. 인구수 대비 종사자 수가 100%가 넘는 지역은 도심 공동화 현상이 일어나는 곳입니다. 낮에만 일하러 왔다가 밤에는 썰렁한 곳이죠. 서울에서는 종로, 중구가 포함된 CBD가 대표적입니다. 반대로 인구수 대비 종사자 수 비율이 낮은 곳은 베드타운에 해당합니다. 우리가 흔히 아는 베드타운 지역은 통계를 살펴보면 인구수 대비 종사자 수가 30%가 안 됩니다.

이렇게 종사자 수와 인구수를 비교해서 해당 지역의 성격을 파악하면, 입지의 가장 중요한 요소인 좋은 일자리를 품은 지역이 부동산 가격과 연관성이 높다는 것을 알 수 있습니다. 강남, 서초 아파트 가격이 높은 것은 업무지구 안에 주거지가 형성되어 있기 때문입니다. 인구수도 많지만 그에 못지않은 충분한 종사자 수, 바로 일자리가 많다는 뜻입니다.

(2) 일자리는 소득을 함께 보자.

일자리와 함께 소득도 지역 분석에 참고하는 지표입니다. 소득은 두 가지로 구별됩니다. 사업장(원천징수지) 소득과 주소지 소득입니다. 두 지표가 해당 지역의 성격을 결정합니다. 아무리 일자리가 많아도 급여 수준이 낮은 직장이 몰려 있거나, 소득 수준이 낮은 사람이 거주하는 곳이라면 비싼 가격을 감당할 유효수요가 높다고 보기 어렵습니다.

아파트는 우리 삶에서 가격 단위가 가장 큰 상품입니다. 일반 재화와 달리 높은 가격을 받쳐줄 유효수요가 가격 형성에 매우 중요합니다. 사고 싶은 것이 아니라 살 수 있는지가 중요하다는 이야기입니다. 소득이 높은 사업장이나 주소지에 있는 아파트는 높은 가격을 감당해 낼 수요층이 두텁다는 뜻이고, 가격이 높게 형성될 가능성이 높습니다. 때문에 소득 데이터가 일자리와 함께 지역분석을 하는 데 필요한 것입니다. 참고로 사업장(원천징수지) 소득과 주소지 소득 정보는 [국세통계포털, TASIS]에서 확인 가능합니다.

(3) 사업장 소득과 주소지 소득을 비교하면 지역의 성격이 나온다.

소득 데이터는 두 가지로 나눌 수 있습니다. 먼저 사업장(원천징수지) 소득입니다. 사업장 소득은 앞서 일자리 통계에서 500인 이상 사업체 수를 보는 것과 비슷합니다. 해당 지역에 소득이 높은 직장이 많은지를 보는 겁니다. 양질의 일자리가 있는 곳이라는 뜻이죠. 이에 반해 주소지 소득은 부촌에 해당합니다. 실제 거주하는 사람들의 소득 수준이 높다는 것입니다.

사업장 소득이 높은 곳이 대체로 주소지 소득도 높습니다. 사람들은 가급적 일자리 가까운 곳에 거주하니까요. 하지만 꼭 일치하지는 않습니다. 사업장 소득은 평균인데 주소지 소득이 높은 곳도 있고, 사업장 소득에 비해 주소지 소득이 낮은 곳도 있습니다.

사업장 소득에 비해 주소지 소득이 높은 곳은 교통이나 학군이 좋아서 부자들이 많이 살지만 자체 일자리는 부족하거나, 부자들이 많이 살지만 일자리가 너무 많아서 평균이 내려간 곳입니다. 전자는 용산, 송파, 목동이 대표적이고, 후자는 강남, 서초가 대표적이죠.

이에 반해, 사업장 소득에 비해 주소지 소득이 낮은 곳은 도심이 슬럼화되고 낡은 주택이 많아서 직장 주변에 새로 지어진 아파트가 별로 없는 곳입니다. 대표적으로 종로, 중구, 여의도가 있습니다.

이렇게 사업장 소득과 주소지 소득을 비교하면 해당 지역의 특성을 알 수 있을 뿐 아니라, 고소득자가 많이 거주하는 지역과 아파트 가격과의 관련성도 알 수 있습니다.

교통으로 알아보는 부동산 입지

일자리가 몰려 있고 소득이 높은 지역이 부동산 입지가 좋은 곳이라고 말씀드렸습니다. 하지만 자체 일자리를 품은 지역은 많지 않습니다. 직장은 골고루 분포되어 있지 않고 지역별로 클러스터를 형성하기 때문입니다. 강남은 처음 신도시를 만들 때 업무지구 안에 택지지구를 만들었다는 특징이 있습니다. 하지만 다른 업무지구는 대부분 주거지와 떨어져 있습니다.

그래서 교통이 중요합니다. 직장까지 얼마나 빠르고 편하게 가는지가 입지에 영향을 미칩니다. 직장 근처에 아파트가 별로 없으니까 직장까지 빨리 갈 수 있는 곳이어야 합니다. 빠르고 편할수록 사람들은 선호하고 입지가 좋은 곳으로 평가됩니다.

서울 수도권 기준으로 교통의 핵심은 지하철입니다. 자차나 버스도 있지만 정시성과 예측 가능성에서 지하철을 따라갈 수 없습니다. 대부분 직장인은 시간에 맞춰서 출근해야 하므로 지하철을 타고 직장까지 빠르게 갈 수 있는 곳이 좋은 입지입니다. 집에서 지하철역까지 도보거리, 지하철 내에서 이동시간, 내려서 직장까지 가는 도보거리가 모두 고려됩니다. 환승의 불편함이 있는지도 고려됩니다. 배차 간격도 고려됩니다. 물리적 거리보다는 시간적 거리가 중요합니다. 새로운 지하철 노선이 개통되고 우리 집 앞에 지하철역이 개통되는지가 집값에 영향을 미치는 이유입니다. 2024년부터 A, B, C 노선이 순차로 개통되는 GTX(수도권 광역급행철도)를 포함합니다.

강남 접근성이 핵심이다.

입지 요소로서 교통을 판단할 때 주의할 것이 있습니다. 직장까지 출퇴근 교통을 의미한다는 점입니다. 학교나 학원, 편의시설까지의 교통이 핵심은 아닙니다. 입지에 영향을 주는 교통이란 직주근접의 대체 역할을 하기 때문입니다.

서울의 경우라면 3대 업무지구까지 얼마나 빠르게 갈 수 있는지, 특히 강남 업무지구까지 얼마나 걸리는지가 핵심입니다. 앞서 언급한 대로 강남권 일자리 수가 압도적이기 때문입니다. 지하철 또는 GTX 개통은 매우 중요한 호재입니다. 하지만 업무지구와 무관한 노선이라면 큰 영향이 없습니다. 업무지구 중에서도 강남 접근성에 따라 파급력이 달라진다는 점을 기억해야 합니다. 경험적으로 이미 알 수 있습니다. 강남권을 통과하는 9호선, 신분당선 개통이 인근 집값에 큰 영향을 미쳤습니다. 곧 예정된 GTX A, C 노선도 강남권을 통과합니다.

수도권으로 범위를 넓혀볼까요. 서울 경기는 사실상 하나의 생활권입니다. 경기도 사람들 대부분이 서울로 출퇴근하기 때문입니다. 인천은 수도권이지만 지방의 특색도 조금 갖고 있습니다. 그러나 크게 보면 수도권이라 일컫는 서울, 경기, 인천은 모두 같은 생활권입니다. 그래서 이들 지역의 교통도 강남 접근성에 크게 좌우됩니다. 사람들이 GTX에 관심이 많은 것도 바로 그 때문입니다. 만일 강남 접근성이 떨어진다면 나머지 업무지구인 도심, 여의도 접근성을 부차적으로 따집니다. 그것도 아니라면 자족 도시 기능을 갖춘 곳이라야 합니다.

서울 수도권과 지방이 다른 이유

지금까지 입지 요소로서 일자리와 교통에 관해 언급했습니다. 아무래도 서울 수도권 인구가 워낙 많다 보니 서울 수도권 위주로 얘기했는데요. 지방은 수도권과는 다른 경향성을 보인다는 점을 기억해야 합니다. 입지에 영향을 주는 요소는 같지만 그것의 비중이 다르다고 볼 수 있습니다. 왜일까요?

지방은 크기가 작기 때문에 아무리 멀어도 출퇴근이 편도 1시간을 넘지 않는 경우가 대부분입니다. 출퇴근 방식도 지하철이나 버스보다는 주로 자차로 이동합니다. 때문에 지방의 입지는 자체 일자리 수나 교통보다는 학군이나 생활 인프라가 좋은 곳에 의해 결정됩니다. 지방도 각 도시마다 상대적으로 일자리가 몰린 업무지구가 없는 것은 아니지만, 반드시 가까운 곳에 거주하거나, 지하철로 한 번에 가야 할 필요성이 적습니다. 오히려 자녀들이 좋은 학교나 학원을 이용하고, 백화점, 병원, 마트 등의 생활 인프라가 훌륭하고, 대규모 아파트 단지로 구성된 곳이 입지가 좋은 곳으로 평가됩니다. 부산 해운대구, 대구 수성구, 대전 둔산동, 광주 봉선동 등입니다. 이들 지역이 좋은 입지인 이유는 일자리가 많거나 교통이 편해서라기보다 인프라가 훌륭하고 학군이 발달된 곳이기 때문입니다.

학군으로 알아보는 부동산 입지

입지에 영향을 주는 또 다른 강력한 요소는 학군입니다. 우리나라 부모들의 교육열은 예나 지금이나 강력합니다. 애초에 강남 신도시가 성공한 이유도 학군 때문이라는 분석도 많습니다. 허허벌판에 신도시를 만들었는데 사람들이 아무도 안 가니까, 당시 강북에 있던 우수한 고등학교를 강남으로 이전시켜 사람들을 끌어들인 것이죠. 이른바 강남 8학군의 탄생입니다.

이렇듯 이사를 할 때, 가족 내 의사결정의 중심에는 자녀의 교육환경이 있는 경우가 많습니다. 자녀들이 안전하고 좋은 환경에서 자라길 바라는 마음은 모든 부모가 같기 때문입니다. 이것은 서울 수도권은 물론이고 지방도 마찬가지입니다.

그렇다면 학군이 좋은 지역은 어떻게 알 수 있을까요? 이미 알고 있긴 합니다. 대치동, 목동, 중계동 정도는 상식으로 압니다. 지방으로 가면 대구 수성구, 대전 둔산동도 학군지로 유명합니다.

우수한 학교와 학원, 교육 인프라가 있는 곳이 좋은 입지입니다. 투자에 관심이 없더라도 자녀 교육에 관심이 있으면 대체로 알고 있는 지역과 일치합니다.

(1) 학군지는 어떻게 탄생하는가

그렇다면 유명 학군지는 어떻게 생겨났을까요. 아무리 유명 학교라고 하더라도 처음은 있습니다. 오랜 역사와 함께 유명해졌을 뿐이죠. 학원가도 마찬가지입니다. 처음부터 유명 학원가가 될 수는 없습니다. 우수한 학원, 강사, 인프라가 시간이 지나면서 서로 영향을 주고받으며 지역의 명성을 높인 것입니다.

학군지 형성 과정은 신도시 또는 택지개발과 밀접한 관련이 있습니다. 주택 공급과 연계해서 이해해야 합니다. 우선 정부에서 대규모 주택 공급을 위해 토지를 매입하고 부지를 제공하면 민간 건설사가 참여해서 신도시 개발이 이뤄집니다. 규모 면에서 신도시급은 아니더라도 빈 땅에 대단지 아파트를 공급하거나 도심 재개발 정비사업을 하기도 합니다.

개발 형식이야 어떻든지 간에 특정 지역에 대규모 신축 아파트가 일시에 공급되면 그곳으로 이주하는 사람들이 생깁니다. 이들의 구성을 살펴보면 소득과 연령이 다양하게 분포되는 것이 아닙니다. 비교적 소득 수준이 높고, 편차가 적으며, 가장 활발하게 사회생활을 하는 40-50대가 많습니다. 이들은 1명 또는 2명의 자녀를 둔 3-4인 가구가 대부분이고, 근무하는 직장까지 거리를 고려해서 주거지를 선택하고 이동합니다. 연령이나 소득 면에서 편차가 적고 균질성이 높은 이유는 입주하는 아파트 가격이 비슷하기 때문입니다. 부동산은 가격을 감당할 수 있는 유효수요가 중요하다고 했는데, 해당 가격으로 매수 가능한 수요층이 어느 정도는 비슷한 것입니다.

일시에 대규모 신축 아파트가 공급되고, 소득이 높고 학령기 자녀가 있는 세대가 대규모로 들어오면, 인근에 중, 고등학교가 신설되거나 신규 배정됩니다. 소득이 높은 젊은 부부는 자녀 교육에 관심이 많고 투자도 많이 하므로, 이들을 수요층으로 하는 학원도 자리 잡게 되죠. 다만 아직은 확실한 학원 수요가 검증되지 않았기 때문에 초기에 들어오는 학원은 자금력이 약한 소규모 학원이 대부분이라 아파트 주변 근린상가에서 가장 임대료가 저렴한 곳에 하나둘씩 자리 잡습니다.

시간이 지납니다. 신설되거나 새롭게 배정된 중, 고등학교 학생들이 서서히 학업 성과를 내고, 졸업과 동시에 우수한 고등학교, 대학교의 입시 실적이 쌓입니다. 입시를 지원하는 학원도 초기보다 규모가 크고 자금력 있는 대형 학원이 확실한 수요를 파악했기 때문에 뒤늦게 따라 들어오게 됩니다. 차츰 학업성취도, 특목고 진학률이 높아지면서 중학교의 명성이 높아지고, 우수한 학원과 편리한 인프라가 주변에 소문나면서, 해당 지역 아파트를 임대하거나 매수하려는 수요를 끌어올리게 됩니다. 이것이 수십 년간 반복되면서 학군지가 되는 것입니다. 서울에서 유명한 학군지인 대치동, 목동, 중계동을 비롯하여 1기 신도시인 분당, 평촌, 일산, 최근에는 마포에 이르기까지 모두 동일한 과정을 거쳐 학군지로 발전합니다. 정리하면 학군지가 만들어지는 핵심은 한꺼번에, 대규모의, 신축 아파트가 공급되는 것에 있다는 점입니다.

(2) 학군과 이사 수요의 실체는

앞서 설명한 과정을 거쳐서 특정 지역이 학군지로 알려지면 우수한 학군지로 이사하는 부모들의 수요는 늘 있습니다. 자기 자녀가 얼마나 공부를 잘하고, 잘할 가능성이 있는지 깊게 고민하지 않습니다. 부모로서 일단 좋은 환경을 제공하겠다는 '심플한' 선택을 하는 것입니다. 이는 부모 세대의 경험 때문입니다. 우리나라 노동 시장에서의 소득 격차가 학력 격차와 밀접한 관련이 있다는 것을 경험으로 알기 때문입니다. 그래서 매년 일정한 주기로 학령기 자녀가 있는 가족의 이사 수요가 만들어지고, 이것이 학군지의 아파트 수요를 낳는 것입니다.

입지에 영향을 주는 요인으로서 학군을 본다면 고등학교보다는 중학교 학군이 중요합니다. 근거리 배정이기 때문입니다. 다시 말해 우수한 중학교에 들어가려면 그 학교에 배정이 되는 곳에 거주해야 합니다. 여기서 우수한 중학교란 학업성취도가 높고 특목고 진학률이 높은 중학교를 뜻합니다. 내 자녀가 실제 특목고를 갈 수 있는 실력인지가 중요한 게 아닙니다. 많이 보내는 학교로 알려져 있다는 사실 자체가 중요합니다. 수요를 일으키는 것은 데이터가 아니라 심리이기 때문입니다.

또한 우수한 고등학교를 생각하더라도 중학교 졸업 후 이사를 시도하는 것이 아니라, 초등학교 졸업 후 최소 6년을 거주할 곳으로 생각하기 때문에 마찬가지로 중학교 학군이 먼저 고려됩니다. 그래서 부모들은 초등학교 고학년부터는 자녀를 우수한 중학교에 보내기 위해 이사를 시도하는 것입니다.

초등학교 전, 출입 기준으로 본다면, 저학년에 비해 고학년의 전입 비율이 높은 학교와 지역은 인근에 우수한 중학교가 있고 학군이 좋은 곳이라는 뜻입니다. 반대로 저학년에 비해 고학년의 전출 비율이 높은 학교와 지역은 다른 곳으로 학생들을 빼앗기는 곳에 해당합니다. 깨끗하고 단지 안에 초등학교를 품고 있어 살기는 좋았는데, 막상 자녀가 입시에 들어가려고 보니, 더 좋은 지역이 눈에 들어오는 것이죠.

이렇게 우수한 중, 고등학교가 있고, 학원가와 교육 인프라까지 훌륭한 지역은 늘 아파트 수요가 높습니다. 매매 수요도 높고 임대 수요도 높습니다. 내 아이들이 우수한 학교, 학원을 가까운 곳에서 다니면 그만큼 공부할 시간도 늘어납니다. 부모가 라이딩하는 시간도 절약됩니다. 결국 또 시간입니다.

(3) 1인 가구 증가와 학군의 영향력

아파트를 사는 사람은 대체로 3-4인 가구입니다. 최근 1인 가구가 늘어나고 앞으로 자녀가 없는 가족이 더 많아진다면, 학군도 과거에 비해 덜 중요해지는 것이 아닌가라고 생각할 수 있습니다. 하지만 과연 그럴까요.

텐 포켓이라는 말이 있습니다. 자녀 1명을 위해서 주변 가족과 친척 10명이 주머니를 털어서 투자한다는 뜻입니다. 그만큼 자녀가 귀해졌다는 뜻이며, 동시에 돈 많은 부모 세대가 1명의 자녀에게 몰빵 투자한다는 뜻이기도 합니다. 자녀가 적다면 오히려 1명에게 더 많은 투자를 하지 않을까요. 물론 미래는 알 수 없습니다. 하지만 학군이라는 것을 단순히 학교-학원 근접 차원에서만 바라볼 수는 없습니다.

오히려 학군의 핵심은 데이터로 보이지 않는, 네트워크와 환경에 있을 가능성이 있습니다. 안전하고 유해 환경이 없는 곳에서 우리 아이가 좋은 친구들과 어울리고 같이 공부하며 성장할 수 있는 곳. 부모들은 이런 기대를 갖고 있지 않을까요?

학군지의 핵심은 좋은 학교와 학원, 우수한 선생님, 편리한 인프라도 있겠지만, 그보다는 또래 친구들과의 우수한 면학 분위기, 유해 시설이 없는 환경에 있을 가능성이 높습니다. 아이를 키워보면 압니다. 아이는 누구보다 또래 아이들에게 강력한 영향을 받습니다.

환경으로 알아보는 부동산 입지

마지막으로 환경이 좋은 곳이 좋은 입지입니다. 환경이 좋은 곳은 백화점, 마트, 병원 등 생활에 필수적인 인프라와 편의시설이 잘 갖춰진 곳입니다. 기반시설이라고도 합니다. 자연환경은 강, 호수, 숲 등입니다.

입지에 영향을 미치는 것은 자연환경보다는 기반시설입니다. 자연환경으로만 보면 도심을 벗어나 외곽으로 갈수록 더 쾌적한 환경이 있습니다. 쾌적하고 살기는 좋지만, 내 집 마련이나 투자 관점에서 입지가 좋다고 평가하지 않습니다. 이것은 우리나라 아파트가 단지형으로 지어진 것과도 관련이 있습니다. 나홀로 아파트가 아니라 대단지로 울타리를 만들고, 단지 내에서 조경과 휴식을 충분히 누릴 수 있기 때문에, 자연환경에 대한 아쉬움을 가까운 곳에서 해결할 수 있는 것이죠. 물론 한강 조망권, 숲세권 등 프리미엄이 있는 것은 사실이지만, 전체적으로 봤을 때 아파트 주변에 기반시설이 있는지 여부가 자연환경보다는 입지 평가에서 훨씬 중요합니다. 특히 인구밀도가 높고 도심에 밀집된 곳이 많은 우리나라의 특성상 가까운 곳에서 모든 인프라를 누리려는 욕구가 강합니다.

직주분리에서 직주근접으로

한때 도심은 슬럼화되고 신도시가 건설되면서 기반시설과 쾌적한 환경을 찾아 너도나도 외곽으로 나가는 직주분리의 시대가 있었습니다. 하지만 도심 재정비 사업을 통해 기반시설이 보완되자, 외곽으로 나갔던 사람들이 다시 도심 안으로 들어오는 직주근접의 시대가 왔습니다. 직주분리에서 직주근접으로 돌아선 것은 출퇴근 선호가 바뀐 게 아니라 기반시설이 보완되었기 때문입니다. 직장과 주거가 분리되는 게 좋아서 나간 것이 아니라, 출퇴근을 감수하면서까지 편리한 인프라와 쾌적한 환경을 찾아 떠날 수밖에 없었던 것입니다. 하지만 도심 내 기반시설이 보완되자 출퇴근이 가까운 곳으로 다시 모여드는 것입니다. 이는 우리나라뿐만 아니라 외국도 마찬가지입니다.

앞서 입지의 본질은 시간이라고 했습니다. 그런데 환경이 시간이랑 무슨 상관이냐구요? 집에서 편의시설까지 쉽게 가야 하니까요. 백화점이나 병원 한번 가려고 먼 길을 떠나면 너무 불편하지요. 신도시처럼 처음부터 계획적으로 설계되거나 도심 재정비사업을 통해 각종 인프라가 세팅된 곳을 가보면 살기 좋다는 느낌을 직관적으로 받습니다. 데이터도 중요하지만 현장에 갔을 때의 느낌 자체가 매우 중요합니다.

당신은 과연 평균입니까

지금까지 일자리, 교통, 학군, 환경 면에서 부동산 입지를 분석해 봤습니다. 요약하면 네 가지가 균형 있게 배합된 곳. 네 가지 영역에서 최대한 시간 절약이 가능한 곳을 사람들은 선호합니다. 누군가는 이렇게 묻습니다.

"내 직장은 강남이 아닌데"
"나는 전문직이라 출퇴근이 자유로운데"
"나는 자녀 교육에 있어 학군이 중요하지 않다고 생각하는데"
"내가 사는 곳은 숲도 가깝고 공기 좋고 깨끗해서 살기 좋은데"

하지만 투자를 생각하거나 입지를 객관적으로 평가한다면 이렇게 답해 드립니다.

"그건 님에게만 해당되는 얘기입니다"
"대다수의 사람은 그렇지 않습니다"

입지 판단에서 중요한 것은 나의 개인적 선호가 아닙니다. 보통 사람들, 평범한 다수의 니즈를 봐야 합니다. 자신이 특수한 집단에 있으면 세상이 객관적으로 보이지 않습니다. 메타인지를 높이고 편견에 사로잡힌 자신과 세상과의 격차를 좁혀야 투자도 잘할 수 있습니다. 나는 거기 살기 싫더라도 다수의 사람이 원하는 곳에 투자의 기회가 있는 것입니다.

물론 강남처럼 모든 것을 만족시키는 곳은 비쌉니다. 각자의 상황에 따라 중요도와 우선순위가 있을 겁니다. 현재 대한민국에서 다수의 사람이 선호하는 곳에 가격이 반영된다는 것을 기억하고, 그 속에서 각자에 맞는 최선의 선택을 하면 됩니다. 의외로 가격은 매우 정직합니다.

"앞으로 어디가 오를까요"라는 질문의 함정

부동산 얘기를 하면 가장 많이 하는 질문 중 하나입니다. "앞으로 어디가 오를까요? 어느 지역이 좋아질까요? 앞으로 이 지역이 뜹니다. 이 지역은 절대 사면 안 됩니다." 등등 지역에 관한 이야기가 대부분입니다. 너도나도 '어디에'만 집중합니다. 일상생활에서 가장 피부로 밀접하게 느낄 수 있는 것이 사는 지역에 대한 것이기 때문입니다.

하지만 지금까지 알아본 것처럼 부동산 가격에는 고유의 사이클이 있습니다. 약간의 시차가 있을 뿐이지, 권역별로 같은 움직임을 보입니다. 강남이 오르면 마용성이 오르고, 서울 전체가 오르고, 경기권으로 퍼져 나갑니다. 지방도 핵심지가 오르면 주변 지역까지 시차를 두고 오르는 것처럼 말이죠.

때문에 부동산 투자 판단에서 중요한 것은 어디에 보다 언제, 얼마에라는 점을 꼭 기억해야 합니다. 아무리 좋은 입지에 샀다고 해도, 때를 잘못 맞추고 비싼 가격에 샀다면 투자 관점에서 잘 샀다고 보기 어렵습니다. 반대로 입지가 나쁘다는 이유로 시점, 가격과 무관하게 무조건 떨어진다는 주장도 근거가 없습니다.

물론 모든 사람이 투자 목적으로만 사는 것은 아닙니다. 내 집 마련도 있고, 더 좋은 지역으로 이사하는 수요도 있습니다. 이들도 투자를 외면할 수는 없지만, 실거주의 필요성을 더 느껴서 특정 지역을 선택하는 것일 수 있습니다. 하지만 그렇더라도 대부분의 사람에게 원하는 지역이 딱 한 곳인 경우는 없습니다. 몇 가지 후보지를 놓고 고민합니다.

실거주이든 투자든 간에, 특정 지역의 입지나 호재, 발전 가능성에 지나친 의미를 부여하지 말기 바랍니다. 해당 지역에 근무하는 공인중개사나 분양대행사가 거래를 일으키기 위해 하는 말일 수 있습니다. 평생 그 지역에만 살았던 사람들이 실제보다 자기 것이 좋아 보이는 '소유 효과'에 사로잡혀 객관성을 잃은 말일 수도 있습니다. 심지어 이 글을 읽는 독자도 현재 살고 있는 지역에 익숙해진 것을 가치가 높은 것으로 착각하고 있을 수도 있습니다.

어디에 살 것인가는 특정 시점을 기준으로 다른 지역과 비교하는 상대적 비교일 뿐입니다. 언제, 얼마에 살 것인가를 1순위로 고려하고, 그것에 대한 확신이 있을 때, 원하는 후보지 중에서 가장 좋은 지역을 선택하는 것이 좋습니다. 잊지 마세요. 투자의 본질은 싸게 사는 것입니다.

• 제5장 핵심요약

부동산 입지는 건물보다 땅이고, 입지의 본질은 시간이다. 삶에서 가장 중요한 영역까지 얼마나 빨리 도달하느냐가 입지에 영향을 미친다. 가장 중요한 것은 일자리다. 일자리는 양적인 면과 질적인 면을 함께 봐야 한다. 사업장 소득과 주소지 소득을 비교하면 해당 지역의 특성을 알 수 있다.

다음으로 교통이다. 교통은 자차나 버스보다 지하철, GTX가 핵심이다. 서울의 경우 3대 업무지구까지 시간적 거리가 중요하다. 그중에서도 강남 접근성이 가장 중요하다. 지방의 경우 규모가 작고 자차 선호도가 높으므로 서울 수도권에 비해서는 일자리, 교통의 영향력이 상대적으로 낮고, 학군과 기반시설의 영향력이 상대적으로 높다.

학군도 영향을 미친다. 학군지 형성의 역사를 감안하면 기존 학군지의 위상이 단기간에 바뀌긴 어렵다. 대단지 신축 아파트가 동시 입주해야 하고, 학업 성취도가 높아지고 학원 인프라가 자리를 잡는 데 오랜 시간이 걸리기 때문이다. 1인 가구가 증가해도 부모들의 소득이 증가해서, 자녀 교육에 대한 투자도 증가하며, 학군의 본질이 네트워크에 있는 점을 감안하면 학군의 영향력이 낮아진다고 보기 어렵다.

환경은 자연환경보다는 기반시설이 중요하다. 도심 재정비 사업을 통해 기반시설이 보완되자 직주분리에서 직주근접을 선호하는 현상을 통해서도 알 수 있다. 백화점, 마트, 병원 등 생활에 필수적인 편의시설이 가까운 것은, 사람들의 기대치가 높아지고, 1인 가구 증가와 고령화 사회일수록 오히려 더 중요해질 가능성이 있다.

네 가지 영역에서 얼마나 시간을 줄여주는지가 부동산 가격에 영향을 미친다. 그것이 균형 있게 배합된 곳이 입지가 좋은 곳이다. 서울 수도권의 경우 특히 일자리 교통 면에서 대다수의 사람에게 시간 가치가 높은 곳이 입지가 좋은 곳이다.

다만, 부동산 의사결정의 관점에서 입지에 너무 과한 의미를 부여할 필요는 없다. 부동산 고유의 가격 사이클을 이해하면 어디에 보다 언제, 얼마에 살 것인지가 훨씬 중요하다. 같은 권역이라면 입지와 무관하게 오를 때 같이 오르고 내릴 때 같이 내리는 특성이 있기 때문이다. 내 집 마련이든 투자든 반드시 하나의 지역만 염두에 두고 있는 것이 아니라면, 타이밍과 저평가를 1순위로 고려하고, 입지는 그다음으로 고려해야 한다.

Q&A 변호사님 궁금해요!

Q 부동산 투자 이야기를 할 때 사람들은 유독 입지에 관심이 많습니다. 책 표현대로면 어디에 살 것인지에 제일 관심이 많습니다. 시점도 중요하고, 저평가도 중요하다고 했는데, 왜 유독 사람들은 입지에 관심이 많을까요?

다른 기준은 데이터를 봐야 하지만, 입지는 바로 눈앞에 보이기 때문 아닐까요. 자신이 살고 있는 곳, 살고 싶은 곳, 주변 사람이 사는 곳 등등 일상에서 부동산 얘기를 하면, 자연스럽게 지역에 대한 얘기를 하는 것 같습니다. 단순히 살기 좋다는 것을 넘어서 어느 지역에 어떤 호재가 있다든지, 이쪽 지역이 앞으로 유망하다든지 투자 이야기도 섞어서 하는데요. 그래서 입지에 대한 이야기가 가장 자주 입에 오르내리는 것 같습니다. 어떤 지역이든 공인중개사 사무실을 찾아가면 모든 지역은 호재가 있고, 모든 지역이 입지가 좋습니다. 그런 이야기들의 전제는 시점, 가격과 무관하게 입지만 잘 선택하면 된다는 것입니다. 하지만 지금껏 살펴봤지만, 부동산 가격은 해당 지역별로 오를 때 다 같이 오르고, 내릴 때 다 같이 내립니다. 물론 같은 시점이라면 입지가 좋은 곳이 좋겠지만 우선순위를 바꿔 입지에 너무 과한 의미를 부여하지 않기를 바랍니다. 단, 투자와 무관하게 실거주 관점에서 내가 꼭 살고 싶은 지역이 있다면 그건 논외로 합니다. 삶에는 다양한 가치가 있으니까요.

Q 부동산 입지에 대해서 알아봤습니다. 그런데 사람들은 누구나 신축을 선호하잖아요. 같은 입지라면 당연히 신축으로 가겠지만, 물건과 입지가 섞여 있을 때, 입지보다 물건이 우선하는 경우가 있을까요? 서울 수도권과 지방은 어떻게 다른지 알려주세요.

부동산 가격은 결국에는 입지를 따라갑니다. 처음 분양한 신축 아파트를 보면 사람들은 물건에 과도하게 의미를 부여합니다. 최신식, 최첨단의 건물, 조경, 단지를 보면 혹하기 때문입니다. 하지만 시간이 지나면 신축은 구축이 되고, 구축은 재건축을 통해 신축으로 재탄생합니다. 하지만 땅은 변하지 않습니다. 땅이 변하지 않는다는 것은 삶의 본질인 시간 가치가 바뀌지는 않는다는 뜻입니다. 1등 입지의 2등 물건과, 2등 입지의 1등 물건이 처음에는 신축 프리미엄으로 가격이 바뀐다고 해도, 시간이 지나면 1등 입지의 가격이 원래 자리를 찾아갑니다. 재건축에 대한 기대감이 반영되면, 물건에는 영원한 1등이 없기 때문이기도 합니다.

지방 소도시보다는 광역시가, 광역시보다는 경기도가, 경기도보다는 서울이, 서울에서도 핵심지로 가까워질수록 이런 경향은 더 강합니다.

반대로 지방일수록, 작은 도시일수록 면적이 작기 때문에 출퇴근의 중요성이 낮고, 직장, 학교, 기반시설 접근이 수월하기 때문에 입지로 인한 시간 절약의 값어치가 낮다고 볼 수 있습니다. 지방일수록 공급이 많지 않은 신축, 대형 건설사의 고급 브랜드 아파트에 대한 수요는 강하기 때문에, 입지를 포기하고 물건을 선택하는 경향이 좀 더 강한 것입니다.

Q 학군 형성의 과정을 알아봤는데, 학군 위상의 변화 가능성에 대해서는 어떻게 보시나요? 지금 좋은 학군이 앞으로도 유지될까요. 위상에도 변화가 있을까요.

쉽게 변하기는 어렵다고 생각합니다. 앞서 학군 형성의 과정을 고려하면 더욱 그렇습니다. 우선 신도시나 대규모 택지에 대단지 아파트가 한꺼번에 들어와야 합니다. 그런데 지금까지는 주택 공급난을 해결하기 위해 신도시를 만드는 방법을 택했고 어느 정도 성공을 거두었지만, 앞으로도 이 방식이 통할지 의문입니다. 서울 수도권에 더 이상 빈 땅을 찾기가 어렵기 때문입니다. 오히려 재건축, 재개발 같은 도심정비 사업으로 방향을 잡을 가능성이 높습니다. 도심정비 사업은 기존 인프라를 유지한 상태에서 순차적으로 진행하므로, 학교, 학원가의 배치가 바뀌지 않고, 인구 구성도 한꺼번에 바뀌지는 않습니다. 최근 마포 일대에 대단지 신축 아파트가 들어서며 새로운 학군이 형성되고 있지만, 이것은 대치, 목동, 중계동 학군과 지리적으로 떨어져 있어 독자적인 교육 인프라에 대한 수요가 있는 지역이었기에 가능하다고 봅니다. 만일 기존 학군지역과 더 가까웠다면 기존 인프라를 활용하면서 그쪽으로 흡수될 가능성이 높습니다.

또한 중, 고등학교의 학업성취도나 평판은 단기간에 축적되기 어렵습니다. 오랜 세월을 통해 성과를 내고 이것이 입소문이 나면서 타 지역에 있는 학생을 유입시켜야 하는데, 그 구도를 단번에 뒤집을 만큼의 인구 구성의 변화가 일어나기 어렵습니다. 학원가 역시 특정 지역에 한번 자리 잡고 오랫동안 인프라가 형성되면 신규 학원이나 학생도 기존 인프라를 활용하는 쪽으로 의사결정을 할 가능성이 높습니다. 이런 복합적인 이유에서 저는 학군의 위상이 앞으로도 상당 기간 이어질 가능성이 높다고 생각합니다.

Q GTX 노선이 순차로 개통하고 있습니다. 입지에 영향을 미치는 교통 면에서 GTX의 영향력은 어떻게 보시는지요.

교통은 자차나 버스보다 지하철이 중요하다고 했습니다. GTX는 정시성과 예측 가능성 면에서 지하철과 같다고 보면 됩니다. 서울 3대 업무지구를 통과하는 노선인지가 중요하고, 특히 강남권을 지나는 노선인지가 핵심이라고 했는데, GTX도 마찬가지입니다. 현재 A노선만 개통했습니다. A노선은 도심, 강남, 판교 권역을 가로지르는 노선이므로 파급력이 가장 크다고 볼 수 있습니다. 강남권 정차는 2028년 예정이며 더 오래 걸릴 가능성도 높지만, 노선은 확정이므로 가격은 선반영되어 있습니다. 업무지구를 통과하는 역이 개통되면 인근 아파트 가격에는 매우 큰 호재입니다. 발표 시, 착공 시, 개통 시 순차로 가격이 오르지만, 배차간격이 너무 길거나, 환승이 불편하거나, 가격이 너무 비싼 경우, 선반영된 가격이 떨어지는 경우도 있습니다. 하지만 수도권에서 서울로 출퇴근하는 인구가 워낙 많고, 특히 신도시의 경우 거주환경은 매우 쾌적하지만 교통이 불편해서 그동안 가격이 눌려있었던 점을 감안하면 수도권 GTX는 서울 내의 지하철역 개통보다 입지에 미치는 영향은 오히려 크다고 볼 수 있습니다. 극단값이 해소되기 때문입니다. 각종 기반시설과 인프라도 GTX 역을 중심으로 형성될 가능성이 높습니다. 주의할 것은 GTX 역 주변의 부동산 가격에는 영향을 주겠지만, 역세권이라고 할 수 없는 지역까지 포함하여 해당 지역 전체가 영향을 받는다고 보긴 어렵습니다. 이동 속도가 빠를수록 역과 아파트까지 도보거리가 크게 느껴지기 때문입니다.

Q 1-2인 가구가 증가함에 따라 입지 평가도 달라지진 않을까요? 부모 자녀로 구성된 3-4인 가족이 1-2인 가구로 재편되면 기호도 달라질 것 같은데요.

가족 구성이 달라진다고 입지 평가가 달라질까요. 글쎄요. 저는 물건 선택은 달라질 수 있어도 위치 선택이 바뀐다고 보지는 않습니다. 핵심으로 돌아가 보겠습니다. 입지의 핵심은 시간이라고 했습니다. 삶의 기본 영역, 즉 일자리, 교통, 학교, 환경 면에서 가까운 곳이어야 한다는 것이죠. 1-2인 가구가 3-4인 가구와 달리 시간에 두는 가치가 다를까요? 그렇지 않습니다. 직장은 다닐 것이고, 빠르고 편한 교통을 선호할 것이며, 자녀가 없을 수는 있겠지만 있다면 과거에 비해 투자는 늘어날 것이며, 인프라에 대한 기대치는 더욱 높아질 겁니다. 입지는 시간이고 시간 가치가 달라지지 않는다면 단순히 가족 구성원이 바뀐다고 입지 평가도 바뀐다고 보기는 어렵습니다.

Q 재택근무와 비대면 업종이 증가해서 과거처럼 꼭 모여서 일할 필요가 없다면, 직장 가까운 곳에 거주하려는 수요도 줄어들지 않을까요?

코로나 때 이런 얘기가 많았습니다. 심지어 코로나 전으로 영원히 돌아갈 수 없다는 말도 했습니다. 기업들도 비싼 임대료 부담을 피해서 외곽으로 빠진다는 얘기도 심심찮게 돌았습니다. 하지만 실상은 어떤가요? 언제 그랬냐는 듯 직장인들은 회사로 복귀하고, 기업들은 원래 있던 자리에 그대로 있습니다.

4차 산업혁명이든 디지털 트랜스포메이션이든, 빅테크 기업이 주도하는 시대에 가장 중요한 것은 인재입니다. 기업들은 인재 확보가 유리한 곳에 있을 수밖에 없습니다. 사람과 사람이 만나는 과정에서 아이디어의 융합이 이뤄지고, 이것으로 부가가치를 창출하는 미래에는 결국 뛰어난 사람이 모여 있는 곳, 뛰어난 사람을 만날 수 있는 곳이 핵심지역이 될 수밖에 없습니다. 그렇다면 질문을 바꿔야 합니다. 가까운 곳에 모여 있을 필요가 없는 게 아니라, 가까운 곳에 왜 안 모여 있으려고 하는지 물어야 합니다. 한적한 외곽에서 바깥바람 쐬면서 혼자 일한다고 아이디어와 가치가 창출되는 것이 아닙니다. 사람 간에 치열하게 토론하고 부딪히는 과정에서 세상을 바꾸는 기적 같은 상품과 서비스가 등장합니다.

Chapter 06

Real Estate

어떻게 살 것인가

You Tube

제6장 어떻게 살 것인가

@wesolve_lawfirm

제6장

어떻게 살 것인가

부동산을 사는 세 가지 방법: 매매, 청약, 경매

부동산을 사는 방법은 크게 세 가지입니다. 제일 쉽게 중개사 사무실에 가서 매매로 사는 겁니다. 급매는 싼 가격의 매물을 빨리 산다는 뜻이므로 매매와 같습니다. 둘째는 청약입니다. 청약통장으로 점수를 관리했거나 추첨을 통해 당첨되는 경우입니다. 신축이므로 내 집 마련 실수요자가 관심이 많습니다. 셋째로 경매, 공매입니다. 일종의 부동산 도매시장입니다. 투자 경험이 있는 사람들이 주로 들어옵니다. 매매는 누구나 아는 방식이므로 언급할 것이 없고, 여기서는 청약과 경매에 관해서 간략히 알아보겠습니다.

(1) 어떻게 살 것인가(청약)

아무리 부동산을 모르는 부린이라고 하더라도 우리나라 사람 대부분은 청약에 대해서는 어느 정도 압니다. 어릴 때부터 부모님이 청약통장을 관리해주기도 하고, 직장인이 되면 그제야 청약통장을 만들기도 합니다. 결혼할 때 배우자와 내 집 마련을 논의하는 자리에서 청약에 대한 얘기는 자연스럽게 나오기 마련입니다.

내 집 마련 실수요자가 청약에 관심이 많은 이유는 분명합니다. 깨끗한 신축 아파트를 저렴하게 산다는 인식 때문입니다. 여기서 싸다는 인식은 지금까지 책에서 언급한 개념과는 다릅니다. 신축이면 결국 가격이 오를 것이고 최초 분양가가 제일 싸다는 정도의 인식입니다. 물론 어느 정도는 맞습니다. 접근도 쉽습니다. 일단 청약통장에 가입해 놓고, 원하는 지역에서 분양공고를 내면 모바일로 신청만 하면 됩니다. 추첨제의 경우 말 그대로 운에 따라 결정되고, 가점제라면 무주택기간, 부양가족 수, 가입기간, 납입횟수, 납입금액 등 점수에 따라 경쟁이 붙습니다.

문제는 추첨제의 경우 분양가상한제와 결합되면 당첨 확률이 로또 수준이고, 가점제의 경우 당첨 확률을 높이려면 무주택기간이 길어야 한다는 것입니다. 사람들이 청약이라는 방법에 집착하는 것도 결국 싸게 사기 위함인데, 싸게 사는 데 있어 훨씬 중요한 언제(제3장), 얼마에(제4장)의 관점에서 기회가 오더라도 나중에 있을 청약을 대비해 집을 사지 않고 무주택을 유지한다는 점입니다. 무주택자의 내 집 마련을 도와주기 위해 마련된 청약 제도가, 오히려 무주택자로 하여금 무주택기간을 오래 유지하게 만드는 아이러니가 있는 것입니다. 언젠가 당첨이 가능할 정도의 오랜 무주택기간이 지나고 집을 마련할 '때'가 왔을 때, 설령 청약이라는 방법으로 샀다고 하더라도, 십수 년간 인플레이션이 반영되어 올라버린 가격과, 그 시점이 가격 사이클상 비싼 구간에 해당한다면 절대 싸게 샀다고 평가하기 어렵습니다. 하지만 대부분 사람들은 청약으로 샀으면 무조건 싸게 잘 샀다고 생각하고 맙니다.

(2) 어떻게 살 것인가(경매)

경매로 낙찰받는 것도 부동산을 사는 방법 중 하나입니다. 경매란 채권자가 채권 회수를 위해 채무자의 물건을 입찰에 붙이면 법원 주관하에 경쟁 입찰을 통해 최고가 매수인이 소유권을 확보하는 것입니다.

경매는 부동산을 싸게 사는 방법으로 알려져 있지만 권리분석, 명도 등에 부담을 느끼기 때문에 실수요자보다 투자에 밝은 사람이 주로 참여합니다. 그래서 경매시장에서 등장하는 낙찰가율 같은 데이터는 매매시장의 선행지표로서 시장분석에 활용됩니다. 경매시장에서 낙찰가율이 추세적으로 높아진다면 향후 매매가격도 오를 것이라고 예측 분석하는 경우가 많습니다.

경매는 청약이나 매매에 비해 절차와 과정이 복잡하고 공부할 것도 많습니다. 하지만 어느 정도 지식과 요령만 있으면 시세 대비 싸게 사는 방법인 것은 맞습니다. 하지만 여기서 싸다는 것의 의미도 청약과 마찬가지로, 지금까지 책에서 언급한 개념과는 다릅니다. 시점을 고정해놓고 인근 시세에 비해 싸다는 것입니다. 청약처럼 신축인 경우는 드물지만, 자기가 원하는 지역에 원하는 매물이 경매로 나올 경우 누구나 참여할 수 있습니다. 그래서 부동산 투자자 중에는 경매, 공매만 전문적으로 취급하는 사람도 많습니다. 최근에는 2-30대까지 널리 알려져 있는 방법이기도 합니다.

어떻게 사는지보다 언제, 얼마에 사는지가 핵심

그럼 어떻게 사는 게 좋을까요? 저는 이렇게 대답합니다. 어떻게 사는지는 전혀 중요하지 않습니다. 얼마나 싸게 사는지가 중요하죠. 청약이든, 경매든, 급매든 똑같은 소유권을 확보하는 겁니다. 그럼에도 사람들이 청약, 경매, 급매에 집착하는 것은 알고 보면 어떻게 살 것인지에 대한 질문이 아니라, 얼마에 살 것인지에 관한 질문입니다. 청약, 경매라는 방법만 잘 활용하면 싸게 잘 샀다고 착각하는 경향이 있습니다.

그렇다면 청약, 경매, 급매로 사면 무조건 싸게 산 것인가요. 여기서도 저량과 유량의 차이를 이해해야 합니다. 특정 시점에 다른 부동산과 비교해서 싸게 샀다는 것은 저량의 관점, 즉 상대적 비교일 뿐입니다.

그러나 부동산 가격은 고유의 사이클이 존재한다는 것을 이미 보았습니다. 가격 주기상 싼 구간에 싸게 매입하는 것이 무엇보다 중요합니다. 다시 말해 유량의 관점에서 타이밍과 저평가를 판단하는 것이 우선입니다.

방법에 집착하면 타이밍과 저평가를 놓친다.

매수 방법에 집착하지 않기를 권합니다. 방법을 떠나 해당 시점에 그 지역의 부동산 가격이 비싼 구간이라면 아무리 청약, 경매로 샀다고 해도 유량의 측면에서 싸게 샀다고 평가하기 어렵습니다. 반대로 본질 가치에 비해 가격이 떨어져 있거나 사이클을 파악하여 싼 구간에 매입했다면, 아무리 매매로 샀더라도 싸게 샀다고 평가할 수 있습니다.

그런데도 많은 사람들이 청약에 당첨되거나 경매로 낙찰받으면 투자를 잘한 것으로 오해합니다. 매수 방법에 과하게 주의를 기울입니다. 청약과 경매는 각자의 상황과 스타일에 달려 있는 문제라 정답은 없습니다. 좋은 때를 만났고, 해당 지역의 부동산이 다 같이 싼 구간에 들어왔다면 청약, 경매를 통해 더 싸게 사면 당연히 좋습니다.

하지만 청약이나 경매라는 매수 방법에 집착하면 오히려 때를 그르치고 더 중요한 판단을 놓칠 수 있습니다. 청약에 당첨되기 위해 무주택 기간을 길게 유지하면서 좋은 때를 놓치는 경우도 허다하고, 경매에서 낙찰받기 위해 법원을 돌아다니며 감정가 대비 얼마나 떨어졌는지에만 집착하기도 합니다.

절대 투자의 본질을 잊지 마세요. 투자는 싸게 사는 것입니다. 부동산은 어떻게 사는지 보다 언제, 얼마에 사는지가 훨씬 중요합니다.

어떻게 살 것인지와 어디에 살 것인지의 관계

앞 장에서는 부동산 입지에 관해 얘기했습니다. 다시 한번 정리하면 어디에 살 것인지 보다 언제, 얼마에 살 것인지를 우선 고려해야 한다고 했습니다. 부동산은 해당 권역별로 오를 때 다 같이 오르고 내릴 때 다 같이 내리는 특성이 있기 때문입니다. 약간의 시차만 있을 뿐이죠. 그래서 시점을 정하고 지역을 선택하는 것은 괜찮지만, 지역이 좋다고 시점과 무관하게 매수하면 위험합니다. 강남 아파트를 샀다고 무조건 잘 샀다고 평가되지 않는 것처럼 말이죠.

한편, 이 장에서는 청약과 경매에 대해서 얘기했습니다. 이 또한 마찬가지로 어떻게 살 것인지 보다 언제, 얼마에 살 것인지가 훨씬 중요하다고 얘기했습니다. 좋은 시점이라면, 청약과 경매를 통해 싸게 매입하면 더 좋겠으나, 시점과 무관하게 청약, 경매라는 매수방법에만 집착하면 때를 그르칠 수 있다는 것입니다.

그렇다면 어떻게 살 것인지와 어디에 살 것인지는 어떤 관계가 있을까요. 만약 부동산이 가격 주기상 적절한 시점과 저평가된 경우라면, 입지와 매수방법의 선택이 남습니다. 투자가 아니라 실거주로 내 집 마련을 하더라도 원하는 지역이 두 곳 이상이라면 마찬가지의 고민을 할 수 있습니다. 같은 입지라면 당연히 청약, 경매를 통하여 싸게 매입하는 것이 좋을 것입니다.

하지만 입지가 다르다면 어떨까요? 어떻게 보다는 어디에 살 것인지를 먼저 고려해야 합니다. 왜냐하면 사람들이 선호하는 입지일수록 경쟁이 붙어 청약, 경매의 성공확률이 낮을 뿐 아니라, 설령 경매로 낙찰받더라도 시세 대비 비싼 경우가 많습니다. 특히 서울 강남권 일부 지역은 토지거래허가구역으로 묶여 있어 일반 매매로는 갭투자가 불가능하고 경매로만 가능하기 때문에, 경매 낙찰가가 시세를 훨씬 웃도는 현상도 벌어집니다.

이런 상황에서 청약, 경매로 사면 무조건 잘 산다는 생각이 앞서면, 입지를 고려하지 않고, 청약 당첨이 쉽거나 일반 시세와 낙찰 가격 차이가 큰 지역만을 택하는 우를 범할 수 있습니다. 좋은 입지, 우량자산일수록 청약, 경매로 매수하기 어렵습니다. 매수를 한다고 해도 일반 매매와 가격 차이가 작거나 오히려 손해를 보는 경우도 많습니다. 어떻게 살 것인지에 집착하여 어디에 살 것인지를 잘못 판단할 위험이 있습니다. 둘 중에서는 어디에 살 것인지가 어떻게 살 것인지 보다 우선적으로 고려되어야 합니다.

서로 다른 게임을 하는 사람의 신호를 주의하라.

마지막으로 한 가지 주의할 점을 공유합니다. 모건 하우절(Morgan Housel)의 <돈의 심리학>에는 서로 다른 게임을 하는 사람의 신호를 주의하라는 표현이 있습니다. 부동산 투자도 사람마다 목표와 방법에는 차이가 있습니다. 마치 주식을 트레이딩하듯, 부동산도 세금과 거래비용이 적게 드는 싼 매물 위주로 사고팔기 반복해서 종잣돈을 모으는 용도로 활용하는 사람이 있습니다.

이런 사람은 긴 호흡으로 가격 사이클을 보는 것이 아니라 특정 시점에 싸게 사는 데 집중합니다. 그래서 청약, 경매로 매입하고 이익이 발생하면 매도합니다. 특정 시점에 싸게 사면 그 자체로 안전마진을 확보했다고 생각하고 되팔아서 돈을 벌면 이들에겐 목표를 이룬 것이니까요. 사이클을 깊게 고민할 필요도 없고 기다릴 필요도 없습니다. 이런 사람에게는 차액만 남기는 게 목표입니다.

요약하면, 절대 남의 신호를 읽고 함부로 따라 해서는 안 됩니다. 지금껏 설명했지만 부동산의 필수재로서의 성격과 자산으로서의 특성, 긴 호흡으로 이어지는 가격 사이클을 종합하면, 부동산은 싸게 매입해서 장기 보유하는 자산에 적합합니다. 시간과 복리의 힘을 빌리는 것입니다. 그렇다면 언제, 얼마에 사는지가 어떻게 사는지보다 훨씬 중요하다는 점을 꼭 기억하세요.

• 제6장 핵심요약

부동산을 사는 방법은 매매, 청약, 경매가 있다. 매매는 공인중개사 사무실에 가거나 당사자 간 직접 거래할 수 있다. 매도인의 개인 사정으로 시세에 비해 10% 정도 저렴한 매물을 급하게 매수하면 급매라고 한다. 청약은 신축 분양 아파트에 추첨 또는 가점으로 당첨되는 방식이다. 신축으로 공급되는 아파트이므로 실수요자가 관심이 많다.

경매는 일종의 부동산 도매시장이다. 채권자가 채권 회수를 위해 법원 주관하에 입찰을 진행하고 최고가 매수인이 낙찰받아 소유권을 가져오는 방식이다. 절차가 복잡하고 진입장벽이 높아서 전문 투자자들이 활동하는 영역이다.

청약, 경매 모두 부동산을 싸게 사는 방법으로 알려져 있다. 청약의 경우, 신축 아파트는 계속 오를 수밖에 없으므로 최초 분양가가 제일 싸다는 인식에 기반하고 경매의 경우 주변 시세에 비해 10-20% 싸게 낙찰받았으므로 그 자체로 안전마진을 확보했다는 생각에 기반한다.

하지만 부동산은 고유의 가격 사이클이 있으므로 언제, 얼마에 살 것인지가 가장 중요하다. 그 다음으로 어디에 살 것인지가 중요하다. 좋은 때를 만났고, 좋은 입지의 부동산을 전제한다면 매매 보다 청약, 경매를 통해 사는 것이 잘 샀다고 평가할 수 있다. 하지만 선택의 우선순위에서 방법에만 집착하면 그보다 더 중요한 타이밍과 저평가를 놓칠 수 있음에 주의해야 한다. 청약과 경매라는 매수 방법에 과하게 집착하면 오히려 경쟁이 낮고 낙찰가가 낮아서 언뜻 더 싸 보이는 부동산을 사게 되는데, 그럴수록 사람들이 선호하지 않는 시점과 지역일 가능성이 높다. 그것을 투자 관점에서 싸게 샀다고 평가하기 어렵다. 그럼에도 청약, 경매만이 답이라고 얘기하는 사람들은 이 책에서 얘기한 것과 서로 다른 게임을 하고 있을 가능성이 높다. 단기간에 부동산을 사고팔아서 차액을 남기거나, 부동산을 주식 트레이딩하듯 접근해서 종잣돈을 모으는 사람일 수 있다. 대부분 사람들과는 애초부터 투자 목적이 다르기 때문에, 적어도 이들에게는 어떻게 살 것인지가 가장 중요한 기준이 되는 것이다. 서로 다른 게임을 하는 사람의 신호를 읽지 않도록 주의해야 한다.

Q&A 변호사님 궁금해요!

Q 경매와 공매를 언급하셨는데, 경매와 공매는 구체적으로 어떻게 다른 건가요?

경매는 채권자가 돈을 못 받았을 때 법원을 통해 채무자의 재산을 매각하여 낙찰대금에서 채권을 회수하는 절차입니다. 공매도 절차는 유사하지만 일반 채권이 아니라 세금 체납과 관련 있습니다. 경매는 민사집행법이 적용되고 법원이 주관하는 반면, 공매는 국세징수법이 적용되고 한국자산관리공사가 담당합니다. 경매는 법원 경매정보 사이트에서 검색 가능하며, 공매는 온비드 사이트에서 볼 수 있습니다.

경매는 기일입찰로서 매각기일이 지정된 날 반드시 법원에 가야 합니다. 반면 공매는 기간입찰이므로 일정한 기간 안에 온라인으로 입찰 가능합니다. 공매는 현장에 갈 필요가 없기 때문에 정해진 시간에 법정에 갈 수 없는 직장인 등이 입찰에 참여하기 좋습니다.

최저매각가격의 차감방식에도 차이가 있습니다. 경매든 공매든 절차가 시작되면 감정가를 기준으로 유찰될 때마다 가격이 차감되는데요. 차감비율에 차이가 있습니다. 경매는 직전 최저매각가격의 20-30%씩 차감됩니다(법원마다 다름). 예컨대 최저매각가격이 1억 원이면 1회 유찰 시 8,000만 원, 2회 유찰 시 6,400만 원, 3회 유찰 시 5,120만 원입니다(20% 차감). 반면 공매는 최초 공매예정가격의 10%씩 차감됩니다. 최초 공매예정가격이 1억 원이면 1회 유찰 시 9,000만 원, 2회 유찰 시 8,000만 원, 3회 유찰 시 7,000만 원입니다.

매각대금을 납부하는 방법도 다릅니다. 경매는 참여할 때 입찰보증금 10%를 납부하고, 낙찰될 경우 나머지 잔금을 한 번에 납부합니다. 반면, 공매는 1개월에서 5년 범위에서 분할 납부가 가능합니다. 다만, 분할 납부 시 이자를 함께 납부해야 합니다.

소유권 이전 방법에도 차이가 있습니다. 경매는 매각대금을 완납할 때 법률상 소유권이 이전됩니다. 일반적인 부동산 소유권 변동은 등기 일자가 기준이지만, 경매는 예외임에 주의해야 합니다. 설령 등기를 나중에 하더라도 돈을 다 낸 시점에 소유자가 바뀝니다. 반면, 공매는 대금의 1/2 이상을 납부하고 근저당권을 설정하거나, 매매대금에 상응하는 은행 지급보증서를 제출해도 소유권 이전이 가능합니다.

명도 방법에도 차이가 있습니다. 실무상 가장 중요합니다. 명도란 점유하고 있는 사람을 내보내는 것을 의미합니다. 소유권이 바뀌면 대항력 없이 점유하고 있는 사람을 합법적으로 퇴거시킬 수 있습니다. 경매는 인도명령 제도가 있기 때문에 소송을 안 해도 법원의 인도명령결정문을 통해서 신속한 강제집행이 가능합니다. 하지만 공매는 인도명령 제도가 없습니다. 그래서 공매로 낙찰받은 사람이 점유자를 내보내기 위해서는 명도소송을 제기하여 판결문을 받아서 강제집행을 해야 하는 번거로움이 있습니다. 물론 대부분은 점유자와 명도 합의가 되지만, 반드시 법적 절차를 진행해야 한다면, 경매보다 공매가 소송을 해야 한다는 부담이 있어, 시간이나 비용 면에서 불리합니다. 반대로 같은 이유 때문에 공매의 진입장벽이 높다고 여기는 사람이 많아서, 경매에 비해서 입찰 경쟁은 낮은 편입니다.

Q 청약에 집착하면 오히려 집을 사기 힘들어진다고 하셨는데, 그럼 청약 제도를 부정적으로 보시나요?

청약 제도의 취지를 부정하지 않습니다. 무주택자의 내 집 마련을 도와주기 위해서 청약 제도가 있는 거니까요. 잘만 운영되면 신축 아파트를 저렴한 가격에 공급해준다는 데 누가 싫어하겠습니까. 하지만 아무리 목적이 선해도 방법이 잘못되면 목표 달성에 해가 되는 경우가 많습니다. 제도를 설계하는 정부 입장에서는 실제 현장에서 겪는 어려움을 피부로 못 느끼는 경우가 많습니다.

지금처럼 청약 가점제 산정방식이 무주택 기간, 청약통장 가입기간, 납입횟수, 심지어 부양가족 수까지 비례하는 구조로 설계되면, 청약 당첨을 위해 내 집 마련을 미루는 역효과가 날 수 있습니다. 무주택 기간이 길수록 당첨 확률이 높아지니까요. 특히 청약에 관심 있는 사람은 평소 부동산 투자에 대한 관심이 상대적으로 낮은 계층일 가능성이 높은데, 이들은 언젠가 다가올 청약 당첨이라는 목표를 위해 집이 필요해도 임대 기간을 늘리는 선택을 합니다. 문제는 이들이 집 사는 시점을 미루는 동안, 부동산 가격 주기상 좋은 때는 다 지나고, 인플레이션에 따라 가격은 계속 오르며, 특히 거주하고 있는 전세가격마저 오른다는 것입니다.

최근 분양하는 서울의 신축 아파트 당첨 커트라인이 70점에 육박합니다. 무주택 기간을 다 채우고 부양가족은 대가족 수준이며, 나머지 요건도 다 채워야 가능한 점수입니다. 오랜 세월 남의 집을 빌려 쓰는 불편함을 참고 견디며, 많은 부양가족을 먹여 살리며 집 없는 서러움과 고통을 견딘 것에 대한 포상으로 여겨질 정도입니다. 마치 그동안 누가 더 고통스러웠는지를 판단하여 가장 힘들었던 사람에게 떡 하나 내주는 모양새인데요. 아무리 생각해도 이건 너무 처절하지 않나요? 저는 청약 제도를 만들었던 처음 목표로 돌아가야 한다고 생각합니다. 집이 필요한 사람에게, 집이 필요한 시점에, 집을 살 수 있게 만드는 쪽으로 정밀하게 재설계되어야 한다고 생각합니다. 같은 이유에서 저는 장기임대주택이라는 정책 방향도 목적은 선하지만, 국민들에게 내 집 마련을 미루도록 유도한다는 면에서 좋아하지 않습니다. 어떻게든 빨리 집을 살 수 있게 만들어 주는 정책이 좋다고 생각합니다.

Q 지금까지 언제, 얼마에, 어디에, 어떻게라는 네 가지 기준을 알아봤는데요. 결국 이들 상호 간의 우선순위는 어떻게 정리하면 될까요?

책에서 줄곧 얘기했지만 가장 중요한 것은 언제, 얼마에 살 것인가입니다. 장기 우상향에 대한 믿음이 있더라도 투자재로서 성격이 있는 모든 자산은 단기 등락이 있을 수밖에 없습니다. 부동산도 마찬가지입니다. 고유의 가격 사이클이 있으므로, 가격 주기상 어떤 시점인지 여부가 입지나 매수 방법에 비해 훨씬 중요하기 때문입니다. 그래서 항상 가격 주기를 이해하고 책에서 알려드린 데이터를 통해서 지금이 어느 시점인지 알아야 합니다. 미래를 예측하라는 것이 아닙니다. 과거를 공부해서 현재가 어떤 상태인지 이해하라는 것입니다.

사람마다 처한 상황과 자금이 다르므로 일률적으로 얘기할 수는 없습니다. 각자 상황에 따라 언제, 얼마에의 관점에서 적절한 시점이라고 판단되면 어디에 살 것인지를 결정합니다. 여기서 말하는 어디에 살 것인지는 평소 어디에 살고 싶은지가 아니라 투자 관점에서 좋은 입지를 의미합니다. 내 집 마련이든 투자든 반드시 한 곳에만 하기로 정해두었다면 고민이 필요 없겠지만 대부분 사람들은 선택지를 여러 개 갖고 있으므로 이 중에서 고르면 됩니다. 어디에 살 것인지 결정되었다면 어떻게 살 것인지를 봐야합니다. 좋은 시점, 좋은 입지에 좋은 방법으로 살 수 있다면 당연히 더 좋습니다. 이를 부정하는 것은 아닙니다. 다만, 우선순위를 반대로 정해서 좋은 방법이라는 이유로 나쁜 입지, 나쁜 시점을 선택하지 말라는 뜻입니다.

유념할 것은, 지금까지 말씀드린 기준은 부동산, 특히 아파트처럼 고유의 가격 사이클이 있는 경우를 전제로 한 것입니다. 수익형 부동산이나 다른 자산에는 적용되지 않는다는 점을 주의하세요.

Q 아파트가 아니라 수익형 부동산이라면 경매로 매입하는 것은 어떨까요?

수익형 부동산은 말 그대로 수익률이 얼마나 나오는지가 중요한 자산입니다. 핵심지이고 공급이 부족한 지역이라면 시간의 흐름에 따라 어느 정도 시세차익도 있긴 하지만, 기본적으로 수익률에 따라 거래되는 자산입니다. 대표적으로 지식산업센터, 구분상가, 오피스텔 등등입니다. 제2장 무엇을 살 것인가에서 잠깐 얘기했습니다.

때문에 지금까지 살펴봤던 고유의 가격 사이클이 적용되기는 어렵습니다. 물론 환금성 측면에서, 가격 상승기의 후반부에 오르는 경향이 있기는 하지만, 아파트처럼 언제, 얼마인가를 평가해서 매수하는 자산이 아닌 것은 분명합니다. 오히려 수익률에 영향을 미치는 것은 경기변동, 금리, 공실입니다. 수익률이 다시 매매가에 영향을 주는 것입니다.

그래서 수익형 부동산을 매입한다면 경매로 싸게 매입하는 것도 괜찮습니다. 시세차익형 부동산처럼 고유의 가격주기가 있거나 등락이 크지 않기 때문에 완벽한 시점을 찾기보다는, 임차인을 구하기 쉽고 임대료 상승이 가능한 지역이라면, 적절한 시점에 싸게 매입하면 됩니다. 애초 수익형 부동산은 아파트처럼 필수재가 아니기 때문에, 내 집 마련보다 투자에만 관심 있는 사람이 접근하기도 하고, 경매에서 낙찰가율도 낮은 경향이 있기 때문에, 아파트에 비해서는 어떻게 살 것인가(경매)가 상대적으로 중요하다고 볼 수 있습니다.

Q 서로 다른 게임을 한다는 게 흥미로웠는데요. 서로 목적이 다르니까 접근 방법도 다르다는 말이군요.

맞습니다. 저도 부동산 공부와 실무를 하면서 많은 책을 봤는데요. 책을 참고할 때 주의해야겠다는 생각을 많이 했습니다. 우리가 어떤 책을 보거나 공부할 때 저자의 관점을 무비판적으로 수용하는 경우가 많습니다. 부동산 책도 마찬가지입니다. 누구는 경매 투자만 권유하고, 누구는 청약만이 답이라고 주장하며, 누구는 역세권 소형 아파트라는 물건을 추천합니다. 누구는 입지 분석에만 매달리고, 누구는 갭투자로 투자금이 회수되면 바로 재투자하라고 권유하며, 심지어 누구는 사고팔기를 반복해서 그것으로 종잣돈을 모으라는 얘기까지 합니다. 본업의 가치를 평가절하하면서 하루빨리 경제적 자유를 이뤄야 한다고 이야기하기도 합니다.

모두 저마다의 방법과 기준을 얘기하지만, 알고 보면 이것은 각자의 투자 철학과 가치관과 맞닿아 있는 문제입니다. 현재 나의 상태와 내가 추구하는 삶의 방향과 비교 없이 다른 사람의 의견을 무비판적으로 수용하면, 실제로는 서로 다른 게임을 하고 있음에도 다른 사람의 신호를 나의 신호로 잘못 해석하기 쉽습니다. 저도 이런 고민을 하고 있었는데 마침 읽었던 <돈의 심리학>에 해당 표현이 나오자 무릎을 탁 쳤습니다. 비단 부동산 투자뿐만 아니라 인생의 모든 영역에서 통하는 지혜라고 생각합니다.

그렇다면 이 책에서 설명한 내용과 제가 주장하는 게임은 어떤 것일까요. 여기까지 책을 읽은 분이라면 짐작하셨겠지만 다시 한번 강조합니다. 우선, 투자를 함에 있어서도 본업이 가장 중요하다는 것을 잊지 말아야 합니다. 본업을 통해 소득을 높이고 소비를 통제하여 종잣돈을 모으고 지식을 쌓기 위해 부단히 노력합니다. 다양한 상품과 자산이 있지만, 부동산 특히 아파트에 관심이 있다면 고유의 가격 사이클을 이해해야 합니다. 책에서 알려드린 언제, 얼마에의 관점에서 적절한 타이밍이 왔는지 볼 수 있어야 하며, 그 시점이 왔다면 본인이 선호하는 지역 중에서 어디에 살 것인지 결정하고, 그 다음으로 어떻게 살 것인지 결정하면 됩니다. 이는 내 집 마련이든 투자든 마찬가지입니다.

반면, 저는 이런 게임을 하지 말라고 권유합니다. 초기 종잣돈 마련을 위해서 본업을 도외시하고 투자에 먼저 뛰어들거나 소액 부동산을 사고팔아 차액을 남기거나, 부동산을 주식처럼 단기 트레이딩 방식으로 접근하거나, 갭투자로 주택 수를 무한히 늘려서 허울뿐인 장부상 숫자를 진짜 자산으로 착각하거나, 경매, 청약이라는 매수 방법에 과도한 주의를 기울이거나, 시점과 무관하게 어느 입지가 좋으니 무조건 사야 한다는 것입니다.

CONTENTS

Real Estate

에필로그

Epilogue

NOTICE

행복의 3요소 + 의미

의미란 행복의 다른 요소와는 달리 지난날에 대한 기억을 축적하고 과거 - 현재 - 미래로 이어지는 자신의 삶에 일관된 정체성과 스토리를 부여하는 것과 연관되어 있다고 믿습니다.

CONTENTS

에필로그
Epilogue

다시 처음 질문으로 돌아갑니다. 왜 살 것인가요. 투자도 행복하기 위해 하는 것입니다. 자본주의 시스템 안에서 자유를 얻고, 건강과 관계를 지키기 위해서는 돈이 필요합니다. 직장과 사업을 통해서 돈을 벌어도 화폐 인플레이션에 대응하기 위해서는 투자가 필수입니다.

부자는 악한 사람이고 투자로 돈을 버는 것은 나쁘다는 인식은 국가의 합법적 폭력인 인플레이션에 아무런 방패 없이 벌거벗은 채로 서 있으라는 말과 같습니다. 일을 통해서만 돈을 모으라는 것은 평생 노예로 살다가 죽으라는 말과 같습니다. 그것 또한 제도 교육에 의해 주입된 것임을 알아차릴 필요가 있습니다. 일찍이 괴테는 자유롭지 않으면서 자유롭다고 착각하는 사람이 가장 심각한 노예라고 말한 바 있습니다.

부동산을 갖고 이야기해 보았습니다. 제가 부동산 전문 변호사라서가 아닙니다. 누구에게나 살 집은 필요하므로 부동산은 우리 삶에서 떼려야 뗄 수 없기 때문입니다. 어차피 한 번은 부딪혀야 하는 거라면 열심히 공부해서 나와 가족에 최고의 선택을 하는 게 좋겠지요.

부동산에 관한 의사결정은 대부분 사람에게 일생에 몇 번 되지 않습니다. 바로 그 몇 번의 선택을 어떻게 하는지에 따라 부의 크기가 달라지고 남은 삶의 여유가 달라집니다. 그런 선택에 도움 될 만한 이야기를 저의 시각으로 분석하고 공유해 보았습니다. 제 이야기가 정답은 아닐지라도, 여러분의 판단에 조금이라도 도움 되었으면 하는 바람입니다.

사실 이야기를 나누게 된 개인적인 이유도 있습니다. 얼마 전 저의 첫째 아들이 세상에 태어났기 때문입니다. 아무 말도 못한 채 물끄러미 아빠 얼굴만 바라보며 세상 모든 것을 의지하는 아이를 보니 참 많은 생각이 들더군요. 문득 저의 어린 시절이 생각났습니다.

저는 지방에서 그리 넉넉지 못한 가정 형편에서 자랐습니다. 책에서는 아파트 얘기를 수도 없이 했지만, 결혼 전까지 아파트에서 살아본 적도 없습니다. 든든한 버팀목이 되어야 할 가족은 뿔뿔이 흩어져 함께 시간을 보낸 기억도 많지 않습니다. 그래도 나름 열심히 공부해 변호사가 되었고, 지금은 로펌의 대표가 되어 회사를 운영하고 있습니다. 그런데 저희 아들의 호기심 가득한 두 눈에 지난 삶을 투영해보니 길을 걷는 과정에서 겪었던 실패와 좌절, 고민과 방황, 시행착오가 거짓말처럼 다 보이더군요. 같은 길을 아들이 걷는다고 생각하면 벌써부터 숨이 막히고 발걸음을 돌려세우고 싶은 심정입니다.

서른일곱, 늦은 나이에 결혼을 했습니다. 누구보다 여유롭고 화목한 처가 식구들을 보니 그 동안 힘들었던 과거를 보상받는 것 같았습니다. 모든 것을 놓아버리고 싶던 순간에도 기어코 버티고 살아남았던 이유가 설명되는 느낌이었습니다. 제 아이에게만큼은 꼭 이런 환경을 선물해 줘야겠다고 다짐했습니다. 삶의 목표가 선명해졌고, 살아야 할 이유도 분명해진 것입니다.

세상 모든 부모는 적어도 자신보다는 자녀가 고생을 덜 하길 바랄 겁니다. 저도 그렇습니다. 하지만 냉혹한 자본주의 시스템 속에서 만만치 않은 입시경쟁, 취업경쟁에 내몰려 혹독한 시련과 고통을 겪고 세상에 나와도, 큰 욕심 없이 두 다리 뻗고 살 집 하나 마련하는 것조차 결코 쉬운 일이 아닙니다. 아무리 세대를 거듭하며 세상이 좋아진다 해도, 모든 세대는 그들만의 십자가를 가슴에 품고 있을지 모릅니다. 저희 아들도 분명 그럴 것입니다.

요즘 밤에 잠들기 전에 자주 드는 생각이 있습니다. 운이 좋아 큰 사고나 질병 없이 평균 수명까지 산다고 가정하면 내 삶의 절반은 지났을까? 평균으로 보면 그럴 가능성이 높습니다. 삶의 절반을 돌아선 지금, 더 늦기 전에 지난날을 정리하고, 언젠가 저희 아들이 삶의 반환점을 돌 때, 작은 나침반이 될 만한 이야기를 남겨야겠다고 다짐한 것이 글을 쓰게 된 이유입니다. 제가 잘 아는 부동산 이야기를 첫 주제로 삼았습니다.

앞서 행복에는 3요소가 있다고 했습니다. 저는 한 가지를 추가하고 싶습니다. 바로 의미입니다. 의미란 행복의 다른 요소와는 달리 지난날에 대한 기억을 축적하고 과거-현재-미래로 이어지는 자신의 삶에 일관된 정체성과 스토리를 부여하는 것과 연관되어 있다고 믿습니다.

여러분은 어떠신가요? 열심히 노력하고 애쓰는 과정에서도 의미를 찾고 행복이라는 최종 목표를 절대 잊지 마시길 바랍니다. 저도 이 책을 통해 단 한 명이라도 저의 뜻이 제대로 전달되어 배움을 얻었다면, 책을 쓰는 데 들인 시간과 노력은 충분한 의미로 보상받았다고 생각합니다.

마지막으로 존경하는 저의 장인어른이 저에게 읊어주신 아일랜드 켈트족의 기도문을 끝으로 책을 마칩니다.

바람은 언제나 당신의 등 뒤에서 불고
당신의 얼굴에는 항상 따사로운 햇살이 비추길

이 책을 읽은 모든 분들의 앞날에 따사로운 햇살이 비추길 소망합니다.

로펌 변호사의
부동산 잘 사는 6가지 법칙

초판발행 2025년 4월 10일

지은이 조석근
펴낸이 안종만·안상준

편 집 김보라
기획/마케팅 정성혁
표지디자인 BEN STORY
제 작 고철민·김원표

펴낸곳 (주) 박영사
서울특별시 금천구 가산디지털2로 53, 210호(가산동, 한라시그마밸리)
등록 1959. 3. 11. 제300-1959-1호(倫)
전 화 02)733-6771
f a x 02)736-4818
e-mail pys@pybook.co.kr
homepage www.pybook.co.kr
ISBN 979-11-303-2206-3 03320

정 가 18,000원